高校大学生课余体育锻炼组织、运行、督导方案的可行性探究

高 凯 著

知识产权出版社
全国百佳图书出版单位

图书在版编目（CIP）数据

高校大学生课余体育锻炼组织、运行、督导方案的可行性探究/高凯著.—北京：知识产权出版社，2015.12

ISBN 978-7-5130-3459-3

Ⅰ.①高… Ⅱ.①高… Ⅲ.①大学生—体育锻炼—课外活动—教学模式—可行性研究—中国 Ⅳ.①G806

中国版本图书馆 CIP 数据核字（2014）第 077877 号

内容提要

一直以来不断地进行着体育教学改革，但是始终没能摒弃陈旧的观念，走出传统的教学模式。但是随着体育俱乐部在我国高校中悄然兴起，并以课外体育组织的形式开展活动，给我们带来了全新的观念和发展方向。目前，在普通高校中实施体育俱乐部教学模式形式大概可分为课外体育活动、体育俱乐部教学活动、课内外一体化三种。

责任编辑：刘晓庆 于晓菲　　　　　　　　责任出版：孙婷婷

高校大学生课余体育锻炼组织、运行、督导方案的可行性探究

GAOXIAO DAXUESHENG KEYU TIYU DUANLIAN ZUZHI YUNHANG DUDAO FANGAN DE KEXINGXING TANJIU

高　凯　著

出版发行：知识产权出版社 有限责任公司	网　址：http://www.ipph.cn
电　话：010-82004826	http://www.laichushu.com
社　址：北京市海淀区马甸南村 1 号	邮　编：100088
责编电话：010-82000860 转 8363	责编邮箱：yuxiaofei@cnipr.com
发行电话：010-82000860 转 8101/8029	发行传真：010-82000893/82003279
印　刷：北京中献拓方科技发展有限公司	经　销：各大网上书店、新华书店及相关专业书店
开　本：720mm×960mm　1/16	印　张：9
版　次：2015 年 12 月第 1 版	印　次：2015 年 12 月第 1 次印刷
字　数：145 千字	定　价：48.00 元

ISBN 978-7-5130-3459-3

出版权专有　侵权必究

如有印装质量问题，本社负责调换。

目　录

第一章　绪论 ··· 1

第一节　研究意义与价值 ··· 2
第二节　国内外研究现状 ··· 4
　2.1　国外体育锻炼综述 ··· 5
　2.2　国内体育锻炼现状 ··· 8
第三节　本文主要研究方法 ·· 12
　3.1　文献资料法 ··· 12
　3.2　专家访谈法 ··· 12
　3.3　理论分析法 ··· 12
　3.4　数理统计法 ··· 13
　3.5　比较分析法 ··· 13

第二章　我国普通高等学校课余体育锻炼发展沿革 ··············· 14

第一节　1949—1965年初创阶段 ·· 14
　1.1　研究背景 ·· 14
　1.2　体制的建立 ··· 15
　1.3　发展特点 ·· 15
第二节　1966—1976年"文革"阶段 ·· 16
　2.1　研究背景 ·· 16
　2.2　体制的建立 ··· 16
　2.3　发展特点 ·· 17

第三节　1977—1984年恢复与发展阶段 …………………………… 17
3.1　研究背景 ………………………………………………………… 17
3.2　体制的建立 ……………………………………………………… 18
3.3　发展特点 ………………………………………………………… 19

第四节　1985—2004年规划发展阶段 …………………………… 20
4.1　研究背景 ………………………………………………………… 20
4.2　体制的建立 ……………………………………………………… 21
4.3　发展特点 ………………………………………………………… 23

第五节　2005—2013年稳步发展阶段 …………………………… 24
5.1　研究背景 ………………………………………………………… 24
5.2　体制的建立 ……………………………………………………… 24
5.3　发展特点 ………………………………………………………… 25

第六节　我国课余体育人才培养体系的研究 ………………………… 25
6.1　业余体育运动学校 ……………………………………………… 25
6.2　体育传统项目学校 ……………………………………………… 27
6.3　高校高水平运动队 ……………………………………………… 29
6.4　体育后备人才学校 ……………………………………………… 32
6.5　人才输送情况 …………………………………………………… 34
6.6　国际比赛成绩 …………………………………………………… 35

第七节　结论 …………………………………………………………… 37

第三章　北京市普通高校大学生课余体育锻炼的现状 ……………… 39

第一节　北京市普通高校大学生参与课余体育锻炼的动机分析 …… 39
1.1　参与课余体育锻炼的动力系统 ………………………………… 39
1.2　参与课余体育锻炼的动机分析 ………………………………… 40
1.3　不参与课余体育锻炼的原因 …………………………………… 42

第二节　北京市普通高校大学生参与课余体育锻炼的场所与项目选择 … 43
2.1　大学生参与课余体育锻炼的场所选择 ………………………… 43
2.2　大学生参与课余体育锻炼的方式选择 ………………………… 44

目 录

    2.3 大学生参与课余体育锻炼的项目选择 ……………………………… 44
    2.4 大学生不喜欢的课余体育锻炼项目 …………………………………… 46
  第三节 北京市普通高校大学生课余体育锻炼的时间和频度分析 ……… 47
    3.1 课余体育锻炼时间选择 ………………………………………………… 47
    3.2 大学生参与课余体育锻炼的频度分析 ………………………………… 50
    3.3 大学生参与课余体育锻炼的持续时间分析 …………………………… 54

第四章 北京市普通高校大学生课余体育锻炼组织方案体系 …… 58

  第一节 北京市普通高校大学生课余体育锻炼组织方案要素构成 ……… 58
    1.1 组织管理 ………………………………………………………………… 58
    1.2 组织形式 ………………………………………………………………… 61
    1.3 场地设施 ………………………………………………………………… 61
    1.4 课余体育锻炼目标设置 ………………………………………………… 62
    1.5 课余体育锻炼内容 ……………………………………………………… 63
  第二节 北京市普通高校大学生课余体育锻炼组织方案可行性分析 …… 64
    2.1 高校大学生课余体育锻炼组织方案的必要性 ………………………… 64
    2.2 构建高校大学生课余体育锻炼长效机制的时代背景 ………………… 65
    2.3 构建高校大学生课余体育锻炼长效机制的现实意义 ………………… 66
  第三节 北京市普通高校大学生课余体育锻炼组织方案构建 …………… 67
    3.1 开设体育理论课，加强体育理论知识的学习 ………………………… 67
    3.3 开设课余单项体育俱乐部 ……………………………………………… 69
    3.4 改善学校体育设施条件，营造良好锻炼环境 ………………………… 69
    3.5 注重培养学生体育意识 ………………………………………………… 69
    3.6 注重培养学生的体育能力 ……………………………………………… 70

第五章 北京市普通高校大学生课余体育锻炼运行方案 ………… 71

  第一节 北京市普通高校大学生课余体育锻炼运行方案要素构成 ……… 72
  第二节 北京市普通高校大学生课余体育锻炼运行方案可行性分析 …… 74
  第三节 北京市普通高校大学生课余体育锻炼运行方案设计 …………… 77

第六章　北京市普通高校大学生课余体育锻炼督导方案 …………… 86

 第一节　北京市普通高校大学生课余体育锻炼督导方案要素构成 ……… 87
 第二节　北京市普通高校大学生课余体育锻炼督导方案可行性分析 …… 92
 第三节　北京市普通高校大学生课余体育锻炼督导方案设计 …………… 94

第七章　北京市普通高校大学生参与课余体育锻炼的影响因素 … 99

 第一节　主观因素分析 ……………………………………………………… 99
 第二节　客观因素分析 ……………………………………………………… 105
 第三节　社会环境因素分析 ………………………………………………… 117

第八章　北京市普通高校大学生课余体育锻炼方案实施的策略及建议 ……………………………………… 125

 第一节　北京市普通高校大学生课余体育锻炼方案实施的优势因素 …… 126
 第二节　北京市普通高校大学生课余体育锻炼方案实施的制约因素 …… 128
 第三节　北京市普通高校大学生课余体育锻炼方案的实施策略 ………… 133
 第四节　北京市普通高校大学生课余体育锻炼方案实施的政策建议 …… 136

第一章 绪论

中国体育目前正迎来一个黄金发展期，国务院下发的《关于加快发展体育产业促进体育消费的若干意见》和《中国足球改革总体方案》已获得通过。近年来，体育界代表委员在两会期间也多有建言，姚明、邹凯等明星委员的提案引起了业界的重视，如全国政协委员、奥运冠军邹凯在全国政协十二届三次会议的体育界小组讨论会上表示，体操这样的"非职业体育项目，国内高端人才培养机制已经健全，因此在基层需要国家的大力支持。基层体操的培养应该以兴趣为主而非竞技。"

体育锻炼对于维护健康的重要作用和意义已经得到了现代医学的明确认定。世界卫生组织（WHO）在其2002年世界健康报告中，列举出规律进行的体育锻炼具有减少心血管疾病、中风、恶性肿瘤、Ⅱ型糖尿病等严重疾病的发病危险等诸多健康效益，并指出身体活动缺乏是一个主要的公众健康问题。由于公共健康关系到一个国家的人口素质和人民体质，影响到整个国家的经济、科学和文化的持续发展，因此促进国民进行体育锻炼在世界各国都受到广泛重视，并通过制定公共政策加以管理和推动。我国先后颁布了《全民健身计划纲要》（1995）《全民健身条例》（2009）等政策，对促进人民尤其是青少年参加体育锻炼和提升国民体质产生了有力的推动作用。特别是在目前我国青少年和大学生体育锻炼存在明显知行不一致的情况下，关注的重点显然是应该放在实践层面，即对大学生课余体育锻炼组织、运行、督导方案的可行性探究。

第一节　研究意义与价值

有规律的体育锻炼对青少年具有更多方面的作用，比如提高有氧耐力和肌肉力量、防范慢性疾病的发生危险、增强肥胖儿童的体质并降低他们超重的趋势，青少年的身体活动与自我评价以及与较低的焦虑和应激水平方面有一致的相关性等。

我国党和政府历来十分重视青少年学生的健康成长，为进一步增强青少年学生的体质，先后颁布了一系列有关学校健康教育的法规。自 2002 年 9 月开始，在全国部分学校开始推行由教育部和体育总局共同颁布的《学生体质健康标准》。其宗旨是为使学校和广大学生及其家长能够了解学生的健康水平，促进学生体质健康发展，激励学生积极进行身体锻炼。但在推行上述标准时，发现青少年学生参加健身锻炼的积极性还未得到明显改善，青少年的体质和健康素质在一些方面没有得到显著提高。教育部在 2005 年全国学生体制与健康调研结果公告中指出，目前学生体质健康状况的总趋势是：形态发育水平继续提高，营养状况继续改善，握力水平提高，而肺活量水平继续呈下降趋势；速度、爆发力、力量耐力、耐力素质水平进一步下降，同时肥胖检出率继续上升。公告指出，这些问题"必须引起我们高度重视"，并指出各级教育行政部门和学校要切实把学校体育卫生工作作为学校教育的重要组成部分，将其提上议事日程。在 2007 年 5 月 7 日，中共中央下发《中共中央国务院关于加强青少年体育增强青少年体质的意见》。文件指出"一方面由于片面追求升学率的影响，社会和学校存在重智育、轻体育的倾向，学生课业负担过重，休息和锻炼时间严重不足；另一方面由于体育设施和条件不足，学生体育课和体育活动难以保证。近期体质健康监测表明，青少年的耐力、力量、速度等体能指标持续下降，视力不良率居高不下，城市超重和肥胖青少年的比例明显增加，部分农村青少年营养状况亟待改善。这些问题如不切实解决，将严重影响青少年的健康成长，乃至影响国家和民族的未来。"可见，青少年学生体育锻炼和体质健康存在对理念层面的高度重视和实践层面的滑坡并存的矛盾状况。

在成年人当中，体育锻炼的情况同样不容乐观。根据国家体育总局在

2002年公布的《2001年中国群众体育锻炼现状》的调查结果，按照1997年规定的我国体育人口的基本标准（即每周参加体育活动不低于3次，每次活动时间30分钟以上，具有与自身体质和所从事的体育项目相适应的中等或中等以上负荷强度者），年龄段为16~25岁的体育锻炼人口数量，占该年龄段总数的33.4%；年龄段为26~35岁的体育锻炼人口数量，占该年龄段总数的14.4%；年龄段为36~45岁的体育锻炼人口数量，占该年龄段总数的12.8%；年龄段为46~55岁的体育锻炼人口数量，占该年龄段总数的21.7%；年龄段为65岁以上的体育锻炼人口数量，占该年龄段总数的22.2%。由此可见，体育锻炼人口占年龄段比例最高点额是16~25岁阶段，但也仅仅只有约总人口数的三分之一。而大多数人口进入青年时期后，尤其是离开学校后，中断体育锻炼的现象呈现出逐渐加剧的趋势。在中断体育锻炼的人口中，20岁以下者占68.7%，30岁以下者占90.5%。

由上述数据可以看出，16~25岁的青年阶段是参加和保持体育锻炼的关键时期。因此，对我国青年人的体育锻炼进行研究具有十分重要的社会现实意义。在这一年龄阶段的人群中，大学生是一个具有典型意义的群体。一方面，大学生身处高校，进行体育锻炼具有体育课、体育设施和校园氛围等便利条件，同时又基本免除了"片面追求升学率"的影响，理应是体育锻炼人口最多的群体。另一方面，大学阶段是使学生从基础教育转为专业人才教育，最终走向社会的过渡时期。在这一时期养成良好的体育锻炼习惯和生活方式，对其后终身体育锻炼和健康维系显然具有基础意义。基于这一具有社会现实意义的考量，笔者试图以北京市普通高校大学生的课余体育锻炼状况为研究和调查对象，对北京市普通高校大学生课余体育锻炼的组织、运行和督导方案进行设计、分析和可行性研究。

一项关于北京市普通高校大学生课余体育锻炼情况的实际调查结果令人大跌眼镜。结果显示，北京市目前在校大学生每周锻炼3次以上的比例仅在20%左右，甚至更低。在对北京市大学生体质健康情况的研究报告中，与全国平均水平比较和与纵向历年数据的比较，其结果均一致显示出，北京市普通高校在校大学生的身体形态指标在提高或基本稳定的同时，心肺机能和速度、耐力、柔韧性等运动能力指标均存呈不断下降的趋势，事实上反映了北京市在校大学生体育锻炼缺乏的问题。

对北京市普通高校大学生课余体育锻炼组织、运行和督导方案的可行性探究，要回答这样一系列基本问题：目前北京市普通高校大学生参与课余体育锻炼的动机、项目选择、时间、场所、频度、方式和特点是什么？基于不同高校主体的大学生与体育锻炼者的情况有何不同？北京市普通高校大学生课余体育锻炼组织、运行和督导方案的构成要素和是否具有可行性？影响北京市普通高校大学生课余体育锻炼的主要影响因素是什么？在对以上问题进行分析和研究的基础上，对北京市普通高校大学生课余体育锻炼方案的实施提出合理化和可行性的策略和建议。

第二节　国内外研究现状

课余体育锻炼是相对于体育课而言的，它是指学生利用课余时间参与的，以锻炼身体、愉悦身心为目的的体育活动。课余体育就是学生在课余时间，运用各种身体练习方法，以发展身体、增强体质愉悦身心提高运动技术水平和丰富业余文化生活为目的而进行的体育教育活动。课余体育锻炼是体育课程的延续和补充，是高校体育教育过程中不可分割的环节，它为实现高校体育目的和任务提供了又一重要途径。

与课余体育概念相关的还有休闲体育，它是指人们在闲暇时间以增进身心健康，丰富和创造生活情趣，完善自我为目的的身体锻炼活动。特点是具有自由性、文化性、非功利性和主动性等。

课余体育锻炼是指学生在课余时间，运用多种体育手段，以锻炼身体、增强体质、愉悦身心为目的的群众性体育活动。课余体育价值取向已从过去单一化发展为多元化。课余体育的价值已不仅是锻炼身体和增强体质，而是呈现出多元化的倾向，主要有教育目标、体质目标、娱乐目标、竞技目标、交往目标，以及促进个性发展目标等方面。

2.1 国外体育锻炼综述

2.1.1 美国高校课余体育来源和发展

由于美国高校的课余体育活动多为有组织的体育活动，高校的校内体育为学生提供丰富的内容，学生通过各种单项的体育俱乐部参与体育活动。校内体育是在规定的地理区域组织的健身娱乐活动。该词起源于拉丁词语（intra muros），意思是在墙内，用作表示在古代城市的围墙内进行团队之间举行的体育比赛和竞赛。

今天的校内巡回赛仍然是指在特定的区域和行政区域，由两个相同年龄或者运动能力组成的团队比赛。例如，校内体育常常在校内组织旨在提高学生竞争力和快乐指数的项目。不像校级比赛或者校队，这是来自不同地理区域和行政区域团队的比赛。甚至像奥林匹克运动会都可以被认为是校级比赛。

谈到美国的校内体育我们不得不回顾全美校内体育联盟的历史。全美校内娱乐体育联盟，职业组织基地在俄勒冈州的科瓦利斯，提供 4000 多个高素质经过培训的专职人员、学生、和联盟会员，以及分布在全美、加拿大和世界其他国家的娱乐体育赛场。美国早期校内体育的革新者是来自宾州卡莱尔迪更逊学院的 Forrest Craver，Craver 是学院的体育主管，从拉丁文老师、数学老师到足球教练曾扮演多种角色。Craver 强调在每周的常规时间所有学生参与身体活动的重要性。联盟由 William N. Wasson 博士在 1950 发起，他曾组织来自 11 个有历史的黑人学院的 22 个美籍非洲男女校内体育主管会议（Albany 州立学院、Arkansas A&M 学院、Bethune-Cookman 学院、Dillard 大学、North Carolina 学院、南方大学、堪萨斯南方大学、Tillotson 学院、Tuskegee 学院、Wiley 学院和 Xavier 大学）。第一次校内体育会议在新奥尔良的 Dillard 举行，参加会议者成立了全美校内体育联盟。

从那以后，全美校内娱乐体育联盟经历了非凡的成长。全美校内娱乐体育联盟有近 4000 个会员代表超过 700 个校园和大学和美国军事院校，还有在公共公园和娱乐系，正确的设施、非盈利组织、私人企业。娱乐体育场地的数量在迅速增加，对健身体育的参与同时也在飞速地增长，主要表现在以下几个方面：近1100万大学学生使用由全美校内娱乐体育联盟会员操作的娱乐设施；超过110万场校内体育赛事在每年举行；超过200万的个体加入大学体育俱乐部；超过4亿美元花费在翻新或者新建先进的大学娱乐体育设施上。

2.1.2 国外高校课余体育锻炼现状

美国学校的学生在课余时间不仅重视课外体育活动，而且已逐渐形成了传统。有关部门和学校也十分重视学生的课外体育活动，学校充分地利用完备的运动设施、体育场馆开展丰富多彩的体育活动。学校的运动协会和体育俱乐部负责组织管理学校每天的课外体育活动，体育教师则分别到指定的活动场馆，负责2~3个项目的体育锻炼的指导和咨询工作。在哈佛，一个全日制的大学生一般每周只需要在教室听讲12~18小时，而每周用于课外活动的时间是22小时。在中国，大多数的普通高等院校，一个全日制的大学生一般每周在教室听讲24~26小时不等，而用于课外活动的时间又大量被作业挤占，可以完全自由支配的时间每周仅约14小时。

美国全国大学教育管理委员会和全国大学体育协会，对大学的课外体育活动时间规定每天不少于2小时。大学的课外体育活动是在学校的运动协会（由大学生体育协会组织），体育俱乐部组织进行的。许多学校还有专门组织实施的课外体育活动的管理机构，如加利福尼亚州立大学、华盛顿州立大学、密执安大学和普林斯顿大学等。管理机构由学校的体育部或运动保健部的体育老师，以及其他负责课外体育活动的专职人员组成，负责学校每天的课外体育活动的组织和管理指导工作。体育教师则分别到指定的活动场地，进行体育锻炼的指导和咨询工作，通常每个体育教师要负责2~3个项目。

美国学校体育的规定表明，青少年的全民健身意识必须通过学校教学的具体目标来培养，又必须通过加强课余体育的实践来实现。1980年，美国卫生、体育娱乐和舞蹈联合会公布了新的健康测试法，认为健康素质对每个人都是必需的。美国教育和体育主管部门及学校认为，课外体育活动对于发展学生体能、培养他们爱好体育运动的兴趣、发展勇于竞争的个性、建立富有生机的社会环境是非常重要的。

由于美国的许多大学都招收留学生，来自世界各地的学生也带来了体育爱好和兴趣非常广泛以及世界体育大融合的体育特征。同时由于美国各大学的体育设施非常完备，每所大学基本都有体育馆、游泳馆、田径场、足球场、网球场及大型综合体育设施。规模较大的大学拥有2~3个体育馆，一半以上大学有田径馆。分布在各个大学有的近千个游泳池，约700座冰球场和滑冰场，以及50多个冬季滑雪基地。这些优良的体育设施为开展丰富多彩的课余体育活动提供了必要的条件。课余时间的体育活动项目应有尽有，如篮球、田径、足球、游泳、体操、高尔夫球、棒球、排球、赛车自行车、轮滑、健身操、现代舞蹈、摔跤、橄榄球、垒球和攀岩等，这些项目基本都有校队。在课外体育活动中，校队成员成为学校中的体育骨干，他们的课余运动训练也带动了更多的学生参与到课外体育活动中去。美国高校的课外体育活动符合学生年龄、心理、生理特征。

大学的课外体育活动具有竞赛性、娱乐性、健身性特点。身体强壮而且运动技术较好的学生多以参加竞赛性活动为主，运动技术较差的和体质较弱的学生多参加健身娱乐性的体育活动。在课余体育锻炼的项目选择上，学生的目的性比较明显。学生课外活动时间可以自由选择，给开展课外体育活动提供了更机动灵活的时间。高校学生参加体育锻炼的目的可能是多种多样的，竞技性的、健身锻炼的、丰富课余文化生活的、陶冶情操的。在不同的国家，这种参与体育锻炼的形式不尽相同。在美国，由于教育体制、传统文化、人们的价值观等诸多因素的影响，高校学生参与学校体育锻炼的形式跟中国大不相同。不同主要表现为学生通过大学里的各种单项体育俱乐部和校内的各种社团进行体育锻炼，而且是有组织的，有教师、有学生的指导，当然也有个人自发进行的体育锻炼。

其他国家高校大学生的体育锻炼情况也不尽相同。在日本，除体育课外，每天还为学生安排100分钟的特别活动，包括体育活动、安全活动、保健活动、俱乐部活动等。其中体育活动分为体育俱乐部活动和体育运动部活动，但体育俱乐部活动不列入教育课程之内，只作为学校课外体育活动的一个环节。

在波兰，在学校体育教学之外，他们还根据运动项目和活动内容组成体育小组，老师是课余锻炼活动的组织者，负责学生活动，并调动学生的积极性。其中课外体育健身旅游活动是学生最易接受的形式。

德国的大学生除了要参加课外体育活动还要参加社会体育组织。即使学生在校内参加体育俱乐部，同时也加盟了社会的体育协会，不少学生也还是单项俱乐部的成员。由此可以看出，德国大学生的课外体育活动已经被纳入整个社会体育的体系之中。

在俄罗斯，体育教育的目的是"在完善身体过程中，促进学生的全面综合发展"。以发展运动能力为主，他们的体育教学大纲目标是有针对性的，旨在全面地发展学生的运动能力，教育学生懂得体育健身的基本原理。通过他们自觉地锻炼，发展和完善个体的心理和身体素质。

我国现在的普通高校的学生体质健康标准，要求每天安排课间操，每周安排3次以上课外体育活动，保证学生每天有1小时的体育活动时间。但由于我国社区体育设施较差，学生在校外缺乏锻炼条件，因此我国的课外体育活动主要以校内活动为主，活动项目也比较少。

课余体育锻炼是自愿且有选择性，课余体育锻炼的内容和形式灵活多样，不受教学计划的限制。参加人数的多少、活动时间长短、场地设施的选择都具有可调性。课余体育锻炼中，学生的主观能动性能得到充分的发挥。在我国，课余体育锻炼的重要性在过去已有所认识，并有相关文件规定学生必须参加早操、课间操和每周两次的课外活动。但面对应试教育的干扰，课余体育锻炼的资源相对不足等困难，这些规定未能起到应有的作用。在学校教育中，普遍重视体育课，忽视课余体育活动，把课余体育看作是体育课的附属品，使得课余体育得不到长足、深远地发展。

2.2 国内体育锻炼现状

2.2.1 国内研究现状

总结多本国内课余体育方面的专著，相关学者对学校课余体育的定义多集中在以下几个方面：狭义的定义包括赖天德在其所著的《学校体育改革热点探究》中提出的"课外体育锻炼是指在课余时间学生运用各种体育手段和方法、以增强学生体质、促进身心健康、丰富课余文化生活等为目的的身体活动"。曲宗湖、杨文轩在《课余体育新视野》中指出，课余体育锻炼是指学生在课余时间里，运用各种身体练习和方法、以发展身体、增强体质、活跃身心、提高运动技术水平、丰富业余文化生活为目的而进行的体育教育活动。董青的《论体育与健康》则认为，课外体育活动是指学生利用课余时间，采取个人或集体的形式，通过自身的身体活动，使身心得到陶冶的活动。从上面的各种专著中的定义来看，课余体育锻炼包含的因素主要有以下几点：学生在课余时间里；学生运用各种身体练习和方法；目的是增强体质、提高技能、促进身心健康；丰富课余体育文化生活。从以上几点我们可以知道，在中国高校，学生参加课余体育锻炼多为没有组织的、个人主观行为；大一、大二新生参加的早锻炼等体育活动是以班级为单位的，很多高校在近年也引进了体育俱乐部制（国内称作体育协会或社团），但对其管理和作用重视不够，大都流于形式。也就是说，目前中国高校绝大多数大学生参加课余体育活动是出于自身的需要，有内在的驱动力使他们参加各种体育活动；这完全不同于强制性的、有组织的、有体育教师指导的体育教学。曲宗湖、杨文轩等在其著作《域外学校体育传真》谈到，美国高校的课余体育活动的开展均是以单项体育组织即体育俱乐部为基础的。这一点和我国高校的课余体育活动开展形式有很大的不同。在美国高校，课余体育活动的开展不仅以体育俱乐部的形式开展，而且俱乐部的运转完全是靠学生进行的，学生参加体育俱乐部是个体的主观行为，不是任何人、任何制度强制的。大学生参加体育俱乐部是出于兴趣爱好等因素，而不是其他的原因。由学生负责的体育俱乐部一方面培养了学生的领导能力和管理能力，另一方面也培养了大学生的团队合作能力和人际交往能力。因此，美国高校体育俱乐部在高校体育中扮演着重要的角色。在培养大学生的体育兴趣、体育爱好和终生体育意识方面也有重要的作用。因此，美国的大学生在课余时间不仅重视课外体育活动，而且形成了传统。在课外体育活动过程中教育者充分尊重学生，依据学生的能力、兴趣和爱好组织活动、安排内容。教育应遵循学生心理发展的规律，强调学生的兴趣和需要，提倡学生的个人自由和自我表现。学校和社会相关部门十分重视学生的课外体育活动，充分利用完备的运动设施体育场馆，开展丰富多彩、形式多样的课余体育活动。

国内相关文献的研究成果主要有以下几种观点。

范立仁等在《全国学生参加课外体育活动现状的研究》中指出，参加体

高校大学生课余体育锻炼组织、运行、督导方案的可行性探究

育活动次数与时间上，反映学生通过体育活动进行健身、健心的频率，关系着学生能否通过参加活动达到增强体魄的目的。从周末参加体育活动来看，大学生参加活动次数略少于小学生，可能与大学生在双休日安排其他活动（购物、学习、上网、娱乐等）有关，且呈现出学历越高参加率越低的趋势。在对星期一只星期五参加课外体育活动次数统计发现，大学生以 2 次活动为多，占到 21%的比例。有 18%的大学生在近一学年中，从不参加课外活动。大学生选择锻炼的场所主要是学校内的活动场馆，爱好体育活动的男生、女生人数比例分别占到总数的 83%和 73%。

黄琴英在《福州部分高校学生课余体育锻炼现状调查分析》一书中指出，学生参加课余体育锻炼的态度中，非常积极和积极的比例占到总人数的一半以上，其中男生非常积极和积极的比例都高于女生。部分高校学生对课余体育锻炼的态度是明确的，但不乏消极情况存在。对课余体育锻炼重要性认知方面，男女生的比例分别为 87.8%和 88.2%，且没有人认为课余体育锻炼不重要。在对课余体育锻炼的必要性认知方面，男女生都持积极肯定的态度。在参加课余体育锻炼次数和时间方面，部分高校学生每次参加课余体育锻炼时间较少，次数也不理想，男女生存在明显差别。其中，有一部分学生还通过参加体育俱乐部的形式进行锻炼，有 8%左右的学生去收费场馆进行锻炼。

杨春艳在《河南省大学生课余体育锻炼现状的调查与分析》中指出，大学生在参加课余体育锻炼的目的与兴趣方面，男女生之间存在较大差异，部分大学生对体育锻炼的目的、意义和价值等认识不足，对体育锻炼持被动态度。在锻炼的主要形式中，和同学一起锻炼者占多数，比例为 44.47%，表明当代大学生团结协作意识逐渐加强，同学之间交往更加密切。部分大学生参加锻炼的随意性较强，缺乏稳定和持久性，具备自我锻炼能力和习惯的大学生较少。在锻炼频率上，大部分形式锻炼的频率保持在每周 1~2 次。在锻炼强度方面，男生有 32.56%的比例达到完全出汗的锻炼强度，而女生则更喜欢中、低强度的运动。

崔世君在《宁波市高职院校学生课余体育锻炼现状调查中》中发现，在大学生对课余体育锻炼的认知态度上有认为不重要和说不清的男生比例分别为 3.6%和 2.2%，女生分别为 6.6%和 4.7%，这是一个潜在的体育活动群体，应

引起体育教师的重视，使其端正参加课余体育锻炼的态度，积极地加入到体育锻炼中。在大学生参加课余体育锻炼活动的欲望与动机中，有25.9%的学生是为了应付考试，这种错误的思想应该引起学校的重视。在大学生课余时间中，已有超过三分之一的学生坚持每周2~4次参加课余体育锻炼，对增强其体质，提高健康水平，促进体育课程改革极为有利。在参加课余体育锻炼的项目中，男生对有激烈对抗、竞赛性强、富有挑战性的项目更感兴趣，而女生更倾向于轻松和娱乐性强的项目。

以上反映出大学生参加课余体育锻炼的现状，本文旨在前人研究的基础上，找出制约北京市普通高校大学生参加课余体育锻炼的因素，以及针对地域情况，有效实施相关措施，找出切实可行的对策，使北京市普通高校大学生能够理论结合实践，从消极被动到积极主动地参与到课余体育锻炼中，为其走入社会拥有健康的身心，乃至形成长期良好锻炼的习惯和"终身体育"观的养成，奠定坚实的基础，为国家培养德、智、体、美全面高素质人才做好准备。

2.2.2 国内高校课余体育锻炼概况

国内目前高校课余体育锻炼的开展已初见成效，如北京大学、清华大学、上海交通大学、中山大学等国内一流的高校的课余体育已仿效欧美等发达国家高校课余体育的组织形式，采用体育协会、体育俱乐部的形式来开展课余体育活动。在组织形式上除了仿效欧美高校的俱乐部形式开展体育活动外，还结合了本国的特殊国情采用体育文化节、各种形式的运动会和竞赛来开展高校的课余体育。虽然中国很多高校采用了体育俱乐部、体育协会的形式来开展课余体育，但只在少数条件较好的高校体育俱乐部的开展情况较好，绝大数部分高校的体育俱乐部还没有开展起来。有的只是流于形式，有的高校虽说有俱乐部，但没有很好地运转起来，而且在体育俱乐部的管理上与欧美等国家的管理相比还有很大差距。由此可见，我国各高校在开展高校课余体育方面仍需以开放的眼光来审视发达国家高校课余体育开展的成功之处，吸收他们的长处为我所用。我国高校在有组织的课余体育活动上重视不够、措施不力、实效不强。高校课余体育锻炼在多数情况下是学生自发进行的，大部分高校没有通过各种途径为学生进行课余体育锻炼创设一个良好的运动环境。

《中华人民共和国体育法》规定，高校应当组织多种形式的课外体育活动。《学校体育工作条例》规定，开展课外体育活动应当从实际出发、因地制宜、生动活泼。国家规定保证学生每天有一个小时的体育活动时间，以利于学生身心的全面发展。因此，我国的课外体育与国外有很大不同，一方面要贯彻自愿参加的原则，另一方面又有某种制度的约束。这是实现学校体育目标的需要，同时也与我国社区体育设施较差，学生在校外缺乏锻炼条件有关，从而形成了我国学生课外体育以校内为主的特点。《国家体育锻炼标准》是我国的一项重要体育制度，目标明确、切实可行，是推动青少年参加课余体育锻炼和对青少年进行爱国主义教育的一种重要手段。我国大中小学生体育合格标准均对课外体育活动有具体要求。

第三节　本文主要研究方法

3.1　文献资料法

通过北京印刷学院图书馆的计算机检索，在中国期刊网、中国知网（CNKI）等网站查询和了解有关普通高校和高职院校以及国内外大学生的课余体育锻炼现状调查与研究，大学生课余体育锻炼的影响因素，大学生课余体育锻炼的态度与动机研究，以及对大学生课余体育锻炼的对策建议等学术专著和学术论文，为北京市普通高校大学生参加课余体育锻炼现状调查研究提供了大量的理论、方法和依据，为本文的写作和完成奠定了理论基础。

3.2　专家访谈法

通过与北京市工作在体育教育一线并有多年工作经验的专家、教授的直接面谈和访问，了解专家们对高校课余体育锻炼现状的看法，从中获得了许多宝贵意见和时新的观点。

3.3　理论分析法

本研究运用学校体育、运动训练、运动生理学、运动心理学、心理学、体育社会学、行为学等相关理论，对本选题涉及所有问题进行分析研究。

3.4 数理统计法

采用 EpiData3.02 软件录入数据，采用 SPSS 11.0 统计软件对调查问卷结果进行描述和统计分析处理。

3.5 比较分析法

根据收集调查的资料，运用统计数据，采用归纳、演绎和类比等方法进行分析比较。

第二章　我国普通高等学校课余体育锻炼发展沿革

研究认为，新中国学校课余体育训练的发展历程分为五个阶段，各个阶段有不同的发展特点。第一阶段：1949—1965年初创阶段；第二阶段：1966—1976"文革"阶段；第三阶段：1977—1984年恢复与发展阶段；第四阶段：1985—2004年规划发展阶段；第五阶段：2005—2013年稳步发展阶段。

新中国成立后，我国学校课余体育训练经历了从无到有、从弱到强，由量变到质变的渐近的发展过程。1985年《关于开展课余体育训练，提高学校体育运动技术水平的规划》的颁布，使我国课余体育训练进入了一个有组织、有计划和稳步发展的新阶段。1985年试办高水平运动队，1988年又建立体育后备人才试点学校。

第一节　1949—1965年初创阶段

1.1　研究背景

1949年10月1日，新中国的成立，使中国逐渐从新民主主义过渡到了社会主义性质，标志着揭开了中国学校体育的历史新篇章。党的第八次全国代表大会，标志着社会主义改造的基本完成，促进了我国学校体育的改革与发展，同时党和国家的工作重点转移到社会主义建设上来。在全党和全国各族人民改革和建设热情空前高涨的同时，1962年党中央又提出了"调整、巩固、充实、提高"的八字方针，使整个体育事业有了新的发展。这一阶段，学校课余体育训练经历了曲折的发展。

1.2 体制的建立

1952年11月15日,为了迅速提高我国的运动技术水平,改变我国在国际上体育运动落后的局面,成立了"中央人民政府体育运动委员会",1954年改称为"中华人民共和国体育运动委员会"(简称国家体委)。国家体委成立后,建立了组织管理机构,指导新中国体育事业的发展。1954年5月4日中央各部委联合下发了《关于在中等以上学校开展群众性体育运动的联合指示》。其中指出,各学校应根据具体情况,积极开展多种多样的为广大学生所喜爱的体育活动,举办适当的运动竞赛,并应尽可能培养、训练各种运动队,把体育运动的普及和提高工作很好地结合起来。

高等教育部、国家教委、卫生部和团中央,在1956年2月下发了《关于加强领导进一步开展高等学校体育运动的联合指示》,确定了在体育运动中高等学校的方针政策。1956年7月23日教育部修改并补充了甘肃省体育运动委员会和教育厅关于具体执行在校学生参加各种竞技比赛的联合通知,并发出了"关于在校学生参加各种竞技比赛问题的通报"。业余体育运动学校制度在1957年确立。《关于1957年学校体育工作的几点意见》中指出:在中小学要适当地开展一些运动竞赛,学生除了要有一般的课外体育活动外,还要开展一些校内和校际间的各种运动竞赛,以提高学生的运动技术水平,增进学生的体育热情,鼓舞学生从事各种运动的兴趣。目前学校的运动竞赛活动缺乏有效的制度,有的学校举办过多,有的举办太少。因此,学生的运动竞赛制度要逐步建立起来,特别是校内和校际间的学生运动竞赛制度,从而使学生的运动竞赛能够适当合理地开展起来。

1.3 发展特点

建国后,我们党开始重视发展体育事业。我国学校体育以零散的、校内的竞技体育发展为主,学生课余体育训练初步形成。学校体育有了一定的发展。这一时期,我国课余体育训练主要以大学为主,大学中运动竞赛的形式主要为:学校内部的小型单项比赛和校运动会;校际间的体育比赛;在省、市和自治区内举行的运动会和单项比赛。运动竞赛随机性比较强,缺乏全国性的整体规划。大学是培养国家运动员和体育人才的主要基地。这一时期，大学在学校课余体育训练中发挥主要的作用。

第二节　1966—1976年"文革"阶段

2.1　研究背景

在此期间，我国的经济发展缓慢，人民生活水平基本没有提高，有些方面甚至有所下降。

1971年4月，在第三十一届世界乒乓球锦标赛上，中国乒乓球运动员取得了很好的成绩。而且中国代表团还邀请了美国代表团访问中国，在当时的历史背景下，架起了中美两国的沟通桥梁，被国际舆论誉为"乒乓外交"。这一举动在当时震动了全球。这也使国内课余体育训练和竞赛活动不同程度地恢复起来。1971年10月25日，在联合国第二十六届大会上，联合国恢复了中国的合法席位，中国在外交上取得了一个重大胜利，被载入中国的外交史册。1973年，邓小平在任职副总理时，同时管理教育和体育事业，对学校体育的发展提出了一系列调整办法，为体育的发展奠定了基础。

2.2　体制的建立

1967年，我国取消了班级建制，对大、中、小学生实行军事化管理，每日军训，甚至停止一切课程，学校已不再是教书育人的场所。在这一时期，大部分优秀的体育人才被埋没，许多有体育发展潜力的青少年错过了训练时机，中国的教育和体育在此时陷入了谷底。

1972年9月，《全国青少年业余体育学校工作座谈会》在西安召开。会议提出：办好青少年业余体校，是贯彻毛主席的革命体育路线，落实中央"从儿童抓起"的指示，解决运动员后备人才培养的问题，培养专项运动技术骨干，促进群众性体育活动的开展，提高运动技术水平的一项长远措施，也是无产阶级同资产阶级争夺革命事业接班人的一个重要阵地。1973年，我国中学生体育协会成立，之后中国加入了世界中学生体育联合会，成为了会员国家之一。1975年中国大学生体育协会成立，现总部设在北京市。先后成立的大、中学生体育协会是全国性的学生体育组织，由中华全国体育总会统一管理。这也对学校体育训练产生了积极的推动作用。

2.3 发展特点

从1971年起，很多有条件的中、小学校开始举办运动会。运动项目以球类、田径为主，区域性的体育比赛活动逐渐增多。文化大革命后期，学校课余体育训练与竞赛以零散的、分散的和群众性的小型竞赛为主，并将学校课余体育竞赛作为一项制度进行开展。

第三节 1977—1984年恢复与发展阶段

3.1 研究背景

1978年12月18日，具有伟大转折意义的十一届三中全会在北京召开了，中国共产党提出了实行改革开放的决策。这次大会是建国以来具有深远意义的会议，为社会主义现代化建设奠定了基础，标志着我国开始进入改革开放的历史新时期。此后，国家的各项事业得到了新的发展，我国的政治经济都有了新的变化，教育事业也出现了发展的好时机。"文革"后，重新确立了体育的地位。学校体育正处于改革发展的阶段。1977年8月4日，全国科学和教育工作座谈会，由邓小平主持召开。此次会议，我们党决定要恢复高考制度，这是高考中断十年后的一个喜讯，在广大青年和文化界中引起了巨大的反响，调动了有志青年学习的积极性，也激发了人民群众对社会主义建设的热情。

1979年10月25日，经过奥委会的通讯表决，我国通过了国际奥委会执委会的"名古屋决议"。经过21年的努力，我国在国际奥委会的名称变为中国奥林匹克委员会，中国的合法权利得到了承认。这为中国运动员走向世界创造了条件，为两岸体育事业的互助、交流奠定了基础。1981年中国女排运动员获得世界杯冠军后,全国上下欢欣鼓舞,在"振兴中华"的力量的感召下,在学校掀起了体育热潮。

1982年9月,党召开了第十二次全国代表大会,这次会议又是党的一次伟大转折。大会总结了历史经验,指出要开创社会主义现代化建设新局面。我国开始探索建设有中国特色社会主义的新道路。1983年,成立了中国高等教育学会。邓小平提出要在国家政治、经济顺利发展的同时,加快高等教育发展。高等教育的发展是现代化建设的基础工程,是成为人力资源强国的必要渠道。1984年7月,我国代表团首次参加了第二十三届洛杉矶奥运会,获金牌15枚、银牌7枚、铜牌9枚,金牌榜荣列第三名。这是中国代表团第一次在奥运会上获得金牌,创造了中国体育运动的新历史。在国内,掀起了体育运动的热潮,同时促进了学校课余体育训练的蓬勃发展。

3.2 体制的建立

1979年3月,《全国学生体育竞赛制度》中,规定了全国中学生运动会每四年举办一次。并决定于1980年恢复举办。1979年5月15日~22日,《全国学校体育卫生工作经验交流会议》在扬州召开。这次会议,认真贯彻了党的十一届三中全会精神和党的教育方针,为适应各项事业发展的需要,培养优秀的体育人才。会议在研究学校体育卫生工作的同时,讨论了业余体育竞赛制度的建立健全,使体育训练与竞赛有章可循。会议提出了要建立运动队,安排好运动队的文化学习和训练,使他们获得全面发展。还要定期举办校运动会,经常开展班级、年级比赛以及适当开展校际、区、市范围的业余体育竞赛活动,逐步建立竞赛制度。新中国成立以来,扬州会议是规模最大的一次学校体育卫生工作会议。会议研究并确定了学校体育在整个教育中的重要地位,为学校体育的恢复和发展奠定了基础,标志着我国学校体育工作进入法制建设和管理的新阶段。

1979年10月5日,国家相继印发了《高等学校体育工作暂行规定》和《中小学体育工作暂行规定》。其中指出:学校在增强学生体质,普及体育运动的基础上,要建立体育传统项目的运动队,要健全学校体育竞赛制度。学校课余体育训练要坚持以校内为主,以单项分散、小型多样为原则,注重普及性和经常性。

1983年11月9日~14日，全国第一次体育传统学校经验交流会在北京召开。其目的是为了在总结办校经验的基础上完善管理措施，促进我国体育传统项目学校工作的深入开展。徐寅生同志在报告中指出，这次会议是对1979年"扬州会议"精神的继续贯彻落实，它标志着我国学校体育有了新的发展，根据会议精神制定了《体育传统项目学校试行办法》。体育传统项目学校的建立，会吸引越来越多的人投入体育运动当中，促进学校体育的开展，为国家优秀后备人才的培养作出努力。随着国家对教育与体育的重视，体育传统项目学校又重新活跃起来，形势越来越好。体育传统项目在全国各地正在迅速发展。

1984年10月5日，《关于进一步发展体育运动的通知》是我国总结三十年来体育工作基本经验的结晶，充分肯定了体育事业取得的成就。党中央对近几年体育事业取得的巨大成绩作出了充分肯定，体育在振奋民族精神等方面发挥了突出作用。面对同世界体育水平的总体差距，党中央还强调必须坚持普及与提高相结合的方针，使体育运动发展不断向新的广度和高度，争取在本世纪内把我国建设成体育强国。1985年，中央发出了《关于教育体制改革的决定》，指出社会主义事业要想得到发展，必须重视教育的作用。教育要想取得成就，必须从体制改革入手，经过系统地调整，为社会多出人才，出好人才，提高中国在国际上的地位。

3.3 发展特点

我国大、中学校重新建立了体育代表队，各级各类学校除组织一些校内竞赛活动外，还经常组织校际、区级和市级的各类竞赛活动，初步建立了学校体育竞赛制度。经过一段时期的恢复，课余体育训练工作得到了良性的发展。

第四节 1985—2004 年规划发展阶段

4.1 研究背景

1985 年 5 月,党中央在总结当前教育的基础上,召开了全国教育工作会议,这是改革开放后的第一次工作会议。会议颁布了《中共中央关于教育体制改革的决定》,这个文件成为了今后中国教育发展的纲领,为教育事业制订了宏伟蓝图,为教育事业未来的发展起到了至关重要的作用。也在这一年,我国成立了国家教育委员会。

1987 年 10 月,党的十三大的召开,确立了政治经济发展的基本方针政策,加快了我国各项事业的改革、开放,为我国社会主义现代化建设奠定了理论基础。1992 年 10 月 12 日 ~18 日,在第十四大上,我们党对 14 年来政治和经济的具体实践活动的经验进行了总结,决定建立社会主义市场经济体制,确定在今后一个时期内要动员全党和全国各族人民,加快改革开放,进一步解放思想,为中国特色社会主义事业的建设贡献力量。

1994 年 6 月 14 日 ~17 日,召开了第二次全国教育工作会,这是改革开放后的第二次会议。会议的任务主要是,继续贯彻党教育发展的纲领,认真实施《中国教育改革和发展纲要》,贯彻十四大和十四届三中全会的会议精神,优先发展教育,进一步落实教育优先,推进教育改革和发展。1995 年 5 月,全国科技大会在北京召开,江泽民同志在会上发表讲话,提出要认真落实科技是第一生产力的思想,实施科教兴国的战略,为我国科技和教育的发展而努力奋斗。1996 年《中华人民共和国体育法》正式公布实施,对体育事业的发展具有里程碑的意义。之后,国家体委相继制定了《全民健身计划纲要》和《奥运争光计划》。1997 年 9 月,党的十五大,是社会主义现代化建设的重要里程碑,对社会主义现代化建设作出了全面部署,具有承前启后的重要作用。

1999 年 6 月,在第三次全国教育工作会议中,江泽民同志强调,全党和全国各族人民要继续关心和支持我国教育事业的发展。教育的发展要纳入各地区发展的重中之重，提高思想觉悟，切实把优先发展教育放在战略重点地位。2001年7月3日，北京申办奥运会的成功，《规划》也相继实施结束。2002—2004年教育部体卫艺司组织专家对《规划》十五年实施情况进行调研总结。

2002年11月8日~14日，党的十六大江泽民作了重要报告，报告为《全面建设小康社会，开创中国特色社会主义事业新局面》。报告对过去五年的工作和十三年的基本经验作了总结，阐述了全面贯彻"三个代表"重要思想的根本要求，提出了要全面建设小康社会的奋斗目标。

4.2 体制的建立

1985年12月，全国学校学生业余体育训练工作座谈会在北京召开。会中指出，为了加强学校业余体育训练工作，为国家培养更多的德智体全面发展的人才，会议研究和讨论的内容主要有：学生业余体育训练的指导思想、基本规律和管理体制；体育传统项目学校的规划、训练、竞赛以及试点工作的方案；学校业余体育训练工作中培训、提高体育教师的具体措施。1986年4月印发了《全国培养高水平运动员试点学校申报审批暂行办法》，确定了试点学校申报审批的办法，为顺利进行试点工作打下了良好的基础。

1986年，国家教委和国家体委联合颁布了《关于开展学校课余体育训练，努力提高运动技术水平的规划》（1986—2000年）的通知，《规划》规定了1986—2000年学校体育运动训练分阶段的奋斗目标，以及达到目标所采取的主要措施。规划涵盖了其指导思想、目标和主要任务以及采取的措施等。其中奋斗目标是，在1986—1990年，总结课余体育训练工作的途径和办法，培养优秀学生运动员，输送到各级各类学校和优秀运动队。1990—1995年，学校体育师资水平有较大提高，全国约有10%至15%的高等学校，城市和经济发达的地区有2%~3%的中学，同时具备较高水平的体育场（馆）、设施和训练条件。学校课余体育训练工作，管理更加规范化，培养全面发展的优秀运动人才，为国家参加世界性的比赛增光添彩。1995—2000年，进一步完善学校课余体育训练工作，高等学校在全国占30%左右，中学在城市和经济发达的地区占5%~10%，体育教师、体育场（馆）、设施和体育管理等达到较高的水平。初步形成我国学校课余体育训练体系。学校课余体育训练达到较高水平，能够参加世界性的运动会比赛。学校课余体育训练成为国家培养体育人才的重要基地之一。

1987年4月9日，教育部发布了《关于部分普通高等学校试行招收高水平运动员工作的通知》，其中对招生对象、招生方法、教学管理等作出了初步的规定，并且在全国确定了包括清华大学等51所高校作为首批招收高水平学生运动员的试点院校。在此之后，我国学校课余体育训练进入了一个全新发展的历史阶段。7月30日，国家教育印发了《关于试点高校培养高水平运动员的管理办法》的通知，之后评选并公布了第一批高校高水平运动队和后备体育人才学校。

1988年7月29日，国家教育发布了《关于中学培养体育运动后备人才试点工作的几点意见》，还公布了第一批试点中学名单。其中意见有：1. 在中学必须有步骤、有计划地培养优秀体育后备人才。在经济较为发达、文化教育基础较好的城镇中学进行试点工作。2. 加强对试点工作的领导。3. 坚持学生在课余时间进行训练的原则，保证学生德、智、体、美全面发展。4. 处理好课余体育训练与群众性体育活动的关系，在安排上要统筹兼顾，不得偏废。5. 做好招生工作。6. 从中学生身心发展的特点出发，科学地安排体育训练。7. 试点中学应积极采取措施筹措资金，教育行政部门应协助争取社会资助，保证课余训练工作的正常开展。8. 及时总结并交流试点工作经验，逐步建立评估制度，表扬先进。

1989年8月15日~16日，国家教委召开全国培养体育后备人才试点中学工作座谈会。会议上何东昌、邹时炎作了重要讲话。与会代表普遍认为试点工作的方向是正确的，也初步取得了成果。在总结经验的基础上。应尽快制定相应的政策及制度。此次会议，对今后学校课余训练工作的开展具有导向作用。

1990年7月10日，《全国普通大、中学校学生体育竞赛暂行规定》颁布，规定全国大学生运动会，每四年举行一次，全国中学生运动会，每三年举行一次。在全国大学生中举行各单项体育竞赛，一般每两年一次。

1991年3月15日，《试点中学培养体育运动后备人才暂行管理办法》颁布，其中要求试点学校要有长远目标，学生训练时间每天一般不超过两至三小时。在坚持科学训练的基础上，要加强医务监督，避免运动损伤。积极参加国家教委组织的全国和地区性的竞技比赛及有关运动训练的学术交流活动。

1993年，国家教委印发了《全国培养体育后备人才试点中学评估体系及办法（试行）》，评估体系包括确定评估指标体系的基本原则和评估指标体系、权重及评分标准。按照国家教委在《试点中学培养体育运动后备人才暂行管理办法的通知》对评估办法的规定是，在试点中学中每两年进行一次评估，从一九九三年始。对试点中学评估包括试点中学"自我评估"和"检查评估"。

1997年6月17日，国家教委印发了《学校课余体育训练座谈会纪要》。学校课余体育训练座谈会在成都召开，会上充分肯定了十年来学校课余体育训练中取得的成绩。会上根据在改革中出现的新问题、新任务进行了研讨，进一步明确了对今后互作的指导思想和努力方向。在通过认真讨论，进一步统一了认识，也进一步明确了今后一段时期的课余体育训练的重点。

1997年11月28日，国家教委印发的《全国学生体育竞赛管理规定》中提出，中国大学生体育协会以及有中国大学生体育协会授权的各单项分会，每年主办全国性大学生单项体育竞赛，次数为1~2次。每年举办2~3个项目的单项比赛。举办全国大、中学生运动会中，凡是已列入全国大、中运动会比赛的项目，那一年就不再安排该项目的单项比赛。2003年5月，大学生参加世界大运会及单项体育比赛，以及对外联络组队参加比赛等各项工作，被国家教育部中国大学生体育协会全面接管。

4.3 发展特点

《规划》的出台得到了贯彻实施，课余体育训练的机制初步形成，学生运动竞赛制度日益完善，学校课余体育训练与竞赛的管理日趋规范。形成了以体育传统项目学校为基础，以试点中学为骨干，以试点大学为龙头的课余体育训练网络。社会广泛支持开展试点学校，激发了学生主动参与课余体育训练的积极性，也为学校和专业队培养了一批有发展潜力的体育后备人才。各省、市和自治区的各级各类学校在《规划》精神的指导下，逐步完善了学校运动竞赛制度，在全国范围内开展了体育竞赛，内容和形式越来越丰富多样，体育竞赛得到了健康地发展。教育部门相继颁布了多项相关管理文件，使学校课余体育的组织与管理工作得到了加强。从此,我国课余体育训练进入了一个有组织、有计划、健康平稳发展的新阶段。

第五节 2005—2013年稳步发展阶段

5.1 研究背景

2007年10月15日~21日,中国共产党召开了十七大。会中将科学发展观写入了党章,明确提出了认真实施科教兴国和可持续发展的战略,实行优先发展教育的战略决策。

2008年我国成功举办第29届北京奥运会,加快了我国体育事业的全面发展进程,推动了我国社会主义物质文明建设和精神文明建设的双重发展。2009年,国家颁布了《国家中长期教育改革与发展规划纲要》。在我国社会主义市场经济体制形成过程中,教育和体育的改革正在深入发展。

2010年7月13日~14日,中共中央、国务院召开的全国教育工作会议在北京举行。这是党中央、国务院在改革开放30多年来第四次全国教育工作会议,也是新世纪召开的第一次全国教育工作会议。胡锦涛总书记和温家宝总理出席了会议,并作了重要讲话。会议整体分析了国际国内的新形势以及对教育改革发展的新要求,深刻总结了建国后教育的成就,贯彻实施《国家中长期教育改革和发展规划纲要》,对教育事业的科学发展提出了五项要求,使教育事业的发展更加符合人民群众的期望。

5.2 体制的建立

2005年4月18日,教育部、国家体育总局颁布《关于进一步加强普通高等学校高水平运动队建设的意见》。普通高等学校建设高水平运动队的目的是,为国家培养出全面发展的优秀体育人才。目标是参加世界大学生运动会和国际体育比赛,为国家争夺荣誉,为我国竞技体育可持续发展做出贡献。国家鼓励普通高等学校建设高水平运动队,在建设过程中给予总体指导和规划,使普通高等学校逐步形成重点突出、特色鲜明、资源配置优化的体系。普通高等学校要为学生提高运动技术水平而开展运动训练，并对其进行定期的检查评估。普通高等学校高水平运动队建设也包括体育院校高水平运动队建设，也是普通高等学校高水平运动队建设重要的组成部分。2005年评选出第二批高校高水平运动队和后备体育人才学校。2010年公布了第三批高校高水平运动队和后备体育人才学校。

5.3 发展特点

课余体育训练得到学校与领导的高度重视，成为学校建设的一个重要方面。课余体育训练制度已经形成，课余体育训练在学校工作中得到普及。这不仅丰富了学校课余生活，也满足了学生多样化的体育需求。学校课余体育训练组织和管理制度的进一步完善和规范，为学校课余体育健康持续的发展提供了重要保证，也促使学校课余体育训练走向正规化。

第六节　我国课余体育人才培养体系的研究

6.1 业余体育运动学校

建国初期，我国开始了青少年业余体育训练。1955年，我国借鉴国外经验并吸取精华，结合我国发展的具体情况，为竞技体育培养全面发展、品质优良的体育运动员，试办了3所青少年业余体育训练学校，分别在北京、天津和上海。这种业余学校是利用业余时间，通过教学提高运动技术水平，通过教练向青、少年进行共产主义教育和体育运动技术教学训练的学校。

1956年，国家体委颁布了《青年业余体育学校章程（草案）》《少年业余体育学校章程（草案）》。青年业余体校招收学生的年龄在17~23岁青年，少年业余体校招收13~17岁的少年。青少年业余体育学校学习期限一般为3年，达到等级运动员标准者发给证书。章程还对机构组织、教学训练、场地等作了明确规定，使各地办校有所遵循。青少年业余体育学校的办校目的，是利用业余时间，以热爱祖国的精神来教育青少年运动员，提高他们的运动技术水平，提升思想品质，使他们的身心全面发展，并从中培养优秀运动员。青少年业余体育学校分为单项和综合两种类型，一种是只设某一运动项目的班，另一种是分设几个不同项目的班。青少年业余体育学校的工作由校长负责，管理学校全部行政、教学和政治思想教育工作。从此，我国进入了业余体育训练新的发展时期。

1957年末，全国办起了159所业余体校，分布在23个省、自治区、直辖市所属的92个市和20个县，在校学生达到17000多人。办校两年多的经验，显现出了业余体校的优越性，培养了一批人才。有些人才进入了高校、厂矿、企业、机关、军队，成为了体育骨干。有些成为了优秀专业运动员。通过多年的系统训练，学生的身体素质得到改善和增强，激发了积极进取的精神。建立业余体校后不久，在社会上引起了广泛关注，受到了广大青少年、学生家长和社会的欢迎。

最开始业余体校在项目设置上，主要以国家重点项目为主，并兼顾各地区的传统。在"大跃进"的消极作用下，出现了一些大办业余体校和不切实际的做法。1959年国家体委及时总结了经验教训，对业余体校进行了整顿，先确定办好一批重点业余体校。之后经过"调整、巩固、充实、提高"八字方针的影响，对规模有所控制。1965年末，全国业余体校在经过整顿、恢复之后，学校回升到1800多所，学生人数达到14万人。其中重点业余体校达到455所，学生人数达7万人。学校质量和教学训练水平，远远超过了五十年代。

1972年，随着体育工作的逐步恢复，开始出现了训练队伍后继无人的状况。全国业余体校工作座谈会上，肯定了体校对学生运动能力的提高，会议对业余体校的恢复起到了积极的促进作用。1973年，全国业余体校数量恢复到1100多所，学生人数达到7万多人。

1977—1978年，全国业余体校数量和学生数量出现了下降，学生出勤率较低。1978年10月，召开全国业余训练工作会议后，各级体委全面贯彻党的教育方针，重视业余体校的工作。在初步整顿和调整之后，办校质量有所提高。一部分暂时停办的业余体校又恢复训练。学生出勤情况有所回升，学生文化学习成绩有了进步。大部分业余体校开始着重于选材和基础性的训练，训练质量有所提高。

1979年4月，国家体委颁布了《少年儿童业余体育学校章程》，业余体校在认真贯彻党的教育方针的基础上，提高学生的运动技术水平，推动群众体育活动的开展。项目设置上，各地区应统一规划并突出重点。在普遍举办田径项目的同时，要兼顾当地的传统和特点。除了开办多个运动项目的业余体校外，提倡各地办单项业余体校。各地的办校形式应多种多样，并且因地制宜。对于年龄超过17周岁的学生，训练成绩达到大纲规定要求的，发给毕业证书，以资鼓励；部分有培养前途的，还可在校继续参加训练。业余体校向国家、省、市和自治区代表队输送学生的年龄，一般在15~17岁。

1978年，我国业余体校的数量达到2400多所，在校参训学生达到20多万名。1972—1976年五年间，业余体校向国家队和各地代表队输送了2万多名运动员，有些运动员还考入了体育院、系。1980年，全国办有17所体育运动学校，分布在17个省、市和自治区。业余体校的项目设置上，普遍设田径项目，同时要与优秀运动队设置的项目相匹配。学生除了向优秀运动队输送外，还可以毕业后转入普通高中或体育中学、体育运动学校继续学习。全国业余体校每年都有学生进入大、中学校以及工作岗位，促进群众性体育运动的开展。从1996—2000年，我国共获得世界冠军361个。其中，来自体校的运动员达到90%以上。在第二十六届奥运会上，我国获得金牌的运动员中，有16名来自体校。业余体校在培养竞技体育后备人才中发挥了至关重要的作用。

从建国初期，我国就开始了业余体育学校的建设。至今，发展速度很快，普及面很广。业余体校是我国业余体育训练的主要形式，为培养竞技体育后备人才发挥了不可替代的作用。项目设置上，从最初只开设国家重点项目到多种多样、因地制宜。业余体育学校还存在培养目标单一，学生出路不畅，忽视文化教育等问题。各级管理部和学校要积极采取措施，优化培养结构，注重学生文化课的学习。在提高运动技术水平的同时，也要重视科学文化、思想品德的教育，培养有素质、有文化的社会主义新型人才。

6.2 体育传统项目学校

20世纪六十年代初期，我国体育传统项目学校开始在部分地区兴起，之后逐步地全国发展起来。在文革时期，体育传统校遭到了严重的破坏。党的十一届三中全会以后，随着教育事业的逐步恢复和发展，着重解决体育人才后继无人的问题，在全国中小学开始实行体育传统项目学校。各地体育传统项目学校又陆续恢复并发展起来，形式越来越好。1979年10月，国家体委下达了高等学校和中小学体育工作暂行规定，规定了学校在增强学生体质，普及体育运动的基础上，要建立体育传统项目的运动队。这项工作得到了国家和社会有关部门的重视，体育传统校在全国有了迅速的发展。

1981年6月，国家体委、教育部联合召开了体育传统校调查会，参会的有十四个省市体委、教育厅（局）的有关同志。经过研究讨论，明确了体育传统校的方向。这次会议为召开全国经验交流会奠定了思想基础和工作基础。几年来，我国体育传统学校有了很大的发展。

1983年12月，召开了全国传统学校间交流会，制定了《传统校试行办法》。该办法的实施，标志着传统校恢复阶段的任务已经完成。此会推动了体育传统项目学校在全国各地的迅速发展。传统校是由教育部门和体育部门共同创办的，是我国学校课余体育训练的重要组织形式之一。传统校的目的是为了在总结办校经验的基础上完善管理措施，促进我国体育传统项目学校工作的深入开展。这次会议公布了首批全国两万余所体育传统项目学校。根据1983年7月底对20个省、市、自治区的统计，共有体育传统校3153所，包括田径、游泳、足、篮、排、羽毛、乒乓、举重、体操、技巧、武术等二十个项目。保持常年训练的学校队员约达16万人，不少省、市和自治区的体育传统校还成立了班级代表队。

到了20世纪八十年代，全国体育传统学校达到两万多所，经常参训的人数已有二百多万人。此时，体育传统项目学校已经达到了一定的规模，并为优秀运动对输送了大批人才，促进了我国体育和教育事业的发展。之后，由于传统校过快的发展与当时刚刚起步的经济建设不相适应，暴露了传统校在数量、质量、管理体制等方面的严重问题。根据体育传统项目学校评估办法，经过检查、调整后，取消了许多传统校。到九十年代初期，传统校的数量已经基本稳定，达到24 000所左右，约占全国学校数的3%。经常参训的运动员约470万，占全国学生数的3%。

2001年，传统项目学校由原来的省、市、县三级调整为国家、省、市三级传统学校，并调整了传统校的项目布局。2009年，教育和体育行政部门共同命名的体育传统项目学校在全国达到了2.45万所，在训学生人数达520万人左右。

1995年，国家体委制定了《全民健身计划纲要》和《奥运争光计划》。这两项计划的贯彻落实，学校起到了关键的作用，不仅学校体育工作得到加强，而且传统校的发展也具有了新的意义。在2000年7月28日，体育总局和教育部颁布了新的《体育传统项目学校管理办法》，体育传统校的管理得到了规范。

我国体育传统项目学校建立的半个世纪以来，经历了起起落落。国家管理部门不断对传统项目学校的办学质量、学校数量、项目布局和管理体制等方面进行改革调整。学校建立以传统项目为主的运动队，是在普及体育运动的基础上，开展传统项目的训练与竞赛，得到了教育部门、体育部门的重视。体育传统项目学校培养了大批高素质的人才，对我国体育和教育事业的发展起到了积极作用。体育传统项目学校担负着普及学校课外体育运动、增进身心健康，并提高学生技术水平的任务。要保持特色训练项目，科学训练，为国家培养全面发展的社会主义接班人。

6.3 高校高水平运动队

1985年12月召开的全国高校体育工作会议，通过了在全国部分高校中试办高水平运动队的决定。这一现象在普通高等院校称为"高校高水平运动队"。1987年4月，国家体委颁布了《关于部分普通高等学校试行招收高水平运动员工作的通知》。通知是为了贯彻《规划》的精神，提高普通高等学校体育运动技术水平，巩固和发展中小学体育传统项目学校和试点学校，为培养全面发展的高水平运动员，规定了招生的办法。凡符合《普通高等学校招生暂行条例》规定的，在体育传统项目学校和试点中学进行学习，并且省级及以上比赛获前六名，拥有二级运动员以上证书的学生，才可报考高水平运动队。在此之后，我国又确立了试办高水平运动队的高校51所。

1988年11月12日，国家教委体育卫生司颁布了关于印发《课余体育训练试点高校试点工作研讨会会议纪要》的通知。会议认为,两年来的试点工作取得了很大进展:1. 学校领导提高了对体育工作的重视程度,学校师生间的体育意识得到增强。2. 大大提高了大学生的运动技术水平,也促进了学校体育活动的开展。3. 各试点校在组织和管理课余体育训练等方面基本都形成了一套比较完整的方法,积累了一定的经验。4. 锻炼培养了一批教练员,学校的体育科研与管理水平也有所提高。5. 学校的体育设施进一步完善,体育场、馆进行了增建维修。6. 学生运动员的文化素质有了提高,有利于为社会造就全面发展的合格人才。会议还对当前大学试点学校存在的问题提出了看法:①学生运动员来源困难,根本原因是普通高中没有运动技术水平较高的毕业生。也存在着因渠道不同、布局不合理而造成的地区生源差异,一种是有生源而训练能力条件不足,另一种是训练能力条件较好而生源不足。由于各校之间招生标准不统一,很容易产生降分和乱招生的矛盾,造成一些地区宏观上失控,微观上混乱的局面。②体育的教育功能发挥得不够充分,对学生的思想教育工作存在忽视的倾向。③学校存在着只追求短期效益的思想,为应付比赛招收一些退役的体工队运动员,不但对学生运动员没有公平可言,也不利于学校培养全面发展的高水平学生运动员。根据存在的以上问题,研讨中提出了对试点校试点工作的建议和希望。首先要建立比较规范化的培养体系,并制订试点工作的近期、中期和远期的战略规划和对策,再逐步实现长远目标和根本任务。当务之急,是对现有的57所高水平试点校在总结检查的基础上,调整、制订一个评估办法,以此作为衡量试点校的工作水平的标准,对运动项目进行合理布局。从长远考虑,要把中、小学体育作为基础,加强中、小学之间的联系,以中学为重点,不断改革招生制度,确保中学的体育后备人才源源不断地进入高等学校。同时,对有优势的高等学校也应对中、小学给予帮助。在运动员学习与训练的矛盾上,可采用学分制,减免次要课程,从实际出发选择专业,既保证必要的文化课学习,也要培养出合格的人才,适应社会的需要。在竞赛制度上,多开展单项比赛,采用分层次比赛的办法。除每四年和三年一次的大、中学生运动会外,每年应举行一项单项比赛。

2005年4月18日,教育部、国家体育总局颁布《关于进一步加强普通高等学校高水平运动队建设的意见》。普通高等学校建设高水平运动队的目的

第二章 我国普通高等学校课余体育锻炼发展沿革

是，为国家培养出全面发展的优秀体育人才。目标是参加世界大学生运动会和国际体育比赛，为国家争夺荣誉，为我国竞技体育可持续发展作出贡献。普通高等学校高水平运动队建设也包括体育院校高水平运动队建设，也是普通高等学校高水平运动队建设重要的组成部分。高校高水平运动队的招生，不能超过当年本科招生总数的1%，试办高校不得擅自扩大招生名额，招收其他学生。高水平运动队要积极参加教育部规定的全国性比赛。对于不参加比赛的，并且没有正当理由的，将减少下一年招生计划，以此逐渐完善高校的体育竞赛制度。普通高等学校要重视文化课学习与训练的矛盾。普通高等学校应充分利用学科多、跨学科的优势，加强科学研究，提高训练质量，进而解决高水平运动队建设中文化课学习与课余体育训练这一突出矛盾。普通高等学校要与体育部门加强合作，形成优势互补，资源同享，切实做到教体结合。要逐渐建立起以普通高等学校为首，完善大、中、小学相衔接的培养机制。

1995年国家教委重新确立了53所高校试办高水平运动队。此后，运动队的数量逐年增加。到2004年，教育部批准的高水平运动队试点大学的数量达到102所。到2006年，高水平运动队数量达到235所。我国竞技体育是典型的政府管理型，主要机构是教育部和国家体育总局。最高管理权力由政府行使，权力过多地集于一体，这使得体育运动的发展需要耗费大量的人力、物力和财力。高校高水平运动队的经费来源主要是政府或校方拨款、各地企业的赞助，经费始终是有限的，远不能保证训练和竞赛的需要。

很多高校高水平运动队在提高整个运动队水平的压力下，与专业队进行联合办学，使得高校学生训练的情况分为"运动员学生"和"学生运动员"两种。"运动员学生"是指曾在国家队或省市专业队从事过专业训练，之后进入高校学习的学生。"学生运动员"是指一直从事运动训练和比赛，一般都是通过全国统考进入大学并且同时没有间断文化课学习的学生。与专业队联合办学，推动了高校高水平运动队整体水平的提高，但也使运动队的管理过于松散。我国应禁止专业运动员进入大学专业队参加训练与比赛的资格，逐步探索建立一个适宜小学—中学—大学培养人才的体系，创造学校培养优秀运动员的最佳模式。

总结来说，我国高校高水平运动队试办20多年来，试办的高校越来越多，高校的竞技运动水平得到了较大幅度的提高，部分项目和部分运动员的竞技水平已经能代表国家参加国际性的比赛。我国管理高水平运动队的组织结构较单一，分工较少且不明确。国家管理部门总体指导各地的试点工作，把握全国试点工作使其平衡发展。国家管理部门需要更多地给予各地体育管理部门更大的空间，根据当地情况对运动项目进行合理布局，举办形式多样的运动竞赛，使高校高水平运动队在全国大放异彩。要逐步建立起以普通高等学校为首，完善大中小学相衔接的培养机制。要重视"课训矛盾"问题，在坚持科学训练、提高运动技术水平的基础上，加强文化课的学习，为国家培养全面发展的人才。

6.4 体育后备人才学校

1988年，我国建立了体育后备人才试点学校。国家教委要求试点中小学校有优越的办学条件，良好的办学质量，优秀的体育师资，比较完整的体育训练场地设施，还要有课余体育训练专项经费。试点校的培养目标是"在学生全面发展的基础上，使参加训练的运动员掌握一定的体育专业知识，培养良好的运动技能，为高校输送优秀学生运动员，为国家建设事业培养体育后备力量"。1988年，国家教委确定并公布了试点中学数量达216所。

1988年7月，国家教委颁布了《关于中学生培养体育运动后备人才试点工作的几点意见》。其中指出在中学必须有步骤、有计划地进行优秀体育后备人才的培养，在经济较为发达、文化教育基础较好的城镇中学进行试点工作。体育后备人才培养的对象必须是试点中学的在校学生，在与同级同类中学培养目标、学习课程、升级和毕业标准等方面相同的前提下，选择在体育运动方面有较高成绩和潜力的学生。要及时总结交流试点工作经验，逐步建立评估制度，表扬先进。要改革中学生体育竞赛的制度，重新确立国际中学生比赛的组队办法，对办学宗旨正确，学生运动成绩突出的试点校，优先选派参加比赛，全力扶持以提高办学质量和运动技术水平。

1991年3月15日，国家教委印发了《试点中学培养体育运动后备人才暂行管理办法》的通知。其中中学在培养后备人才试点工作中，学生必须达到九年制义务教育的要求，依照中学的教育规律，遵循学生年龄、生理、心理特点，制定切合实际的训练计划和训练大纲。采用符合学校和学生实际的训练方法，使学生接受科学系统的运动训练，为国家培养全面发展的优秀体育人才。在坚持科学训练的基础上，训练时间一般每天不超过 2~3 小时，要加强医务监督，避免运动损伤。

1995 年 3 月，国家教委体育卫生与艺术教育司颁布的关于印发《一九九五年培养体育后备人才试点评估调查表》的通知中指出，近十年来，我国体育后备人才试点工作取得了一些成绩，积累了一些宝贵的经验，同时也发现存在不少问题。对全国培养体育后备人才试点中学进行评估，就是为了总结经验、发现问题，逐步克服矛盾、解决难题。评估的目的主要是通过深入的调查整理，对全国培养体育后备人才试点中学的数量和分布进行一次普查，而后在全国推广优秀试点校的办法和形式，对试点校建立符合实际、切实可行的总体规划。建立健全试点工作的管理规章制度，为以后试点工作的科学管理奠定基础。这次评估调查是在 1993 年制定的评估体系的基础上，对全国部分省、自治区和直辖市按照"量化评估"的原则进行实地抽查评估。

1995 年 10 月，第六届全国中学生运动会期间，召开了体育课余训练工作经验交流会。在全国贯彻《学校体育工作条例》的基础上，做好中学课余体育训练工作和后备人才培养工作。在会上，对中国人民大学附属中学等 50 所优秀体育后备人才试点中学进行了表彰。

随着试点工作的开展，激发了学生参与课余体育训练的积极性，学校课余体育训练也受到了更多学校的重视。到 2004 年，教育部批准的体育后备人才试点中学数量达到 320 所。体育传统项目学校和体育后备人才试点中学每年向运动队输送 4000 余人，向高校输送 5800 余人。我国体育后备人才学校输送人才的渠道中，主要输送到高校，向优秀运动队及高水平专业队输送较少。在今后的培养工作中，试点学校应该采取有力措施，加大培养力度，为学生广开输送渠道，力争使学生的输送工作向多元化方向发展。试点学校的运动训练是课余体育训练的一种重要形式，后备人才试点学校的学生长期进行运动训练，影响对文化课的学习。文化学习与运动训练的矛盾是困扰试点学校工作的一大难题。

我国试办体育后备人才学校已经走过了 25 个年头，取得了不错的成绩。

试点校逐渐增多，办学质量和条件较好，逐步建立竞赛制度。后备人才的培养受到了领导学校和社会的重视，为学校课余体育训练的开展，为国家培养德智体全面发展的人才作出重要贡献。但后备人才的培养也存在试点校输送渠道单一、竞赛制度不完善，以及体教结合不紧密等问题。试点校在今后培养工作中，培养力度要加大，为学生广开输送渠道，使试点学生的输送方式向多元化发展。在确保学生接受普通教育的同时，加强运动训练，提高技术水平，使学生接受系统的教育，为国家培养全面发展的体育后备力量，这也是竞技体育可持续发展的必由之路。

6.5 人才输送情况

高校高水平运动队员主要来源于体育中学、业余体育学校和体工队。目前各试点高校招生主要生源基本来自本地区，这种现象是为了保护本省（市）自身的利益，控制后备人才的流动。这样导致了人才流动和资源配置不合理，造成人才资源的浪费。1984年期间，我国体育院校培养了近6万名体育人才。全国已拥有等级运动员1000多万名，其中运动健将7000多名。

在试点工作开展初期，有些高校招收的学生运动员是专业队退役的运动员。这些退役运动员，运动能力都高于普通学生，但这也只是在短期内。长期下来，退役运动员很难再提高运动成绩，在参加业余训练后，更容易导致成绩下滑。专业运动员进入高校寻求的是一个好的出路。但对于学校来说，是一种资源的浪费。

随着信息时代的到来，训练的科学化水平不断提高，学生的运动技术水平也取得了大幅度的提高。大学通过开展竞技体育运动，培养了大量的竞技体育人才，为体育系统和其他行业、企业输送高素质的竞技体育人才。高校竞技体育的开展也带动了中小学主动开展竞技体育，促进了中小学课余体育训练与竞赛的开展。由于国家对高校运动队投入的不断加大，全国大学生运动会的规模也在不断扩大。学生运动员的竞技成绩也有了进一步提高，运动会的多项比赛纪录，被一次又一次刷新。通过全国大学生田径运动会，从最初的1人达健将、22人达一级运动员水平，到数量扩充至健将人数225人，一级运动员人数1099人。其为国家培养高水平竞技人才的作用是毋庸置疑的。

6.6 国际比赛成绩

建国初期，我国参加的国际性比赛非常少。1953年8月，第一届国际青年友谊运动会，我国组织了代表团参加了运动会。在仰泳比赛中，我国著名游泳运动员吴传玉，最终取得了1分8.4秒的成绩，为新中国获得了国际体育比赛中的第一枚金牌。在1954年，第十二届世界大学生夏季运动会中，吴传玉还获得过100仰泳和100蝶泳的亚军。当时吴传玉的成绩大大地鼓舞了每一个运动员的斗志，激发了为国争光的爱国热情，在运动员中掀起了一个破纪录、创造优秀成绩的训练热潮。

"文革"时期，我国体育事业停滞不前。教育和体育工作基本停顿，全国大部分学校实行军事化管理。1971年，全国体育工作会议上，周恩来总理充分肯定了建国后17年中体育工作所取得的成绩。这番讲话，使全国从事体育工作的教师和工作者，倍感欣慰，又重新燃起了从事体育工作的热情。很多体育工作者回到工作岗位，逐步恢复学校运动队的训练，体育院校又陆续开始招生工作。

我国普通高校高水平运动队试点工作从1985年开始已经开展二十多年，在试办了高水平运动队之后，全国大学生运动会的成绩有了显著提高。（见表2.1）

表2.1 历届全国大学生运动会的成绩

时间	名称	运动员情况
1982年	第一届全国大运会	2人达健将，106人达一级运动员，1049人达二级运动员
1986年	第二届全国大运会	3人达健将，471人次、71个队打破85项上届大运会纪录
1988年	第三届全国大运会	1人达国际健将，47人达健将，254人达一级运动员，274人、27个队664次改写90项大运会纪录
1992年	第四届全国大运会	5人达国际健将，57人达健将，1人破全国记录
1996年	第五届全国大运会	9人达国际健将，157人达健将，破31项大运会纪录

高校大学生课余体育锻炼组织、运行、督导方案的可行性探究

续表

时间	名称	运动员情况
2000 年	第六届全国大运会	31 人次打破了 19 项大运会记录，2 人次刷新了 1 项全国记录
2004 年	第七届全国大运会	137 人 278 次打破全国大运会纪录，1 人 1 次国大学生纪录
2007 年	第八届全国大运会	86 人次打破全国大运会纪录，2 人 2 次破 2 项全国纪录
2012 年	第九届全国大运会	打破 81 项全国大运会纪录，4 项全国纪录

  自 1959 年世界大学生运动会举办以来，就竞赛成绩状况而言，我国有了历史性的突破，总成绩位居国际前列。但是从运动员角度分析，2001 年以前基本上没有真正的学生，大多数是各专业队运动员。2001 年第 21 届世界大学生运动会，不管举办运动会的频率还是成绩，我国都取得了历史性的成功。参赛的运动员由三部分组成，即职业运动员、现役运动员和大学生。很明显，主力不是真正的大学生。在中国代表团中，其中 9 名获得过奥运会金牌，52 名运动员有过奥运会经历，他们才是真正的主力军团。

  世界大学生运动会原来由国家体育总局负责，但从 2005 年伊兹密尔大学生运动会开始，教育部整体负责其组团工作。自从移交给教育部负责整体工作后，越来越多的高校学生运动员参与到国际比赛中。中国代表团获得金牌的数量减少了一些，竞赛成绩也下降了好多。但是更多的高校学生进入了本该属于他们的舞台。这也是高校课余体育训练取得的最主要的进步。

  在 2005 年第 23 届世界大学生运动会上，通过高考考入清华大学的大学生胡凯，以百米 10 秒 30 的成绩夺得金牌，被誉为"百米飞人"。胡凯是名副其实的学生运动员，而不是专业运动队培养出来的大学生运动员，让全世界都看到了中国大学生运动员竞技成绩的切实提高。在 2007 年第 24 届世界大学生运动会上，越来越多的真正大学生运动员出现在了赛场上。胡凯的师弟张培萌跑出了 10 秒 30 的成绩，与胡凯当年成绩相同，获得百米银牌，再次向全世界展示了中国学生运动员的真实水平。2011 年在第 26 届世界大学生运动会中，我国取得了金牌、奖牌数位列第一的好成绩，证明了我国竞技体育的发展与提高。

近年来，真正的大学生运动员在一些运动项目上，展现了较高的竞技水平，涌现了许多优秀运动员。刘青在全国田径锦标赛上获得女子800米和1500米金牌，全国室内田径赛上创造了女子800米的全国室内纪录。另外，李光明和李翔宇均为大运会的选手，分别获得全国锦标赛和城运会的男子800米冠军。他们全都是通过高考考入大学，直接由大学培养出来的学生运动员。这也向大家证明，大学也可以培养一流竞技体育人才，而且是文化和竞技水平更加全面的"双优"人才。

第七节 结论

新中国成立后，我国学校课余体育训练经历了从无到有、从弱到强，由量变到质变的渐近发展过程。随着我国教育和体育事业的发展，我国学校体育也不同程度地得到了发展。学校课余体育训练作为学校体育的一个组成部分，越来越受到国家和各级部门的重视。但主要以大学为主，只是以零散的、校内的竞技体育发展为主，随机性比较强，缺乏全国性的整体规划。

1966—1976年的"文革"期间，学校课余体育训练基本处于停滞状态。但由于新中国成立后17年积累的学校体育基础，以及人民群众的体育热情，在文化大革命后期，一些大学和中学仍然开展着课余体育训练，但主要是零散、分散和群众性的，以小型竞赛为主。有些省市自治区作为一项制度在开展。

1978年十一届三中全会以来，我国的学校体育逐渐进入正轨，我国学校课余体育训练得到了较大的发展。我国大中学校重建了体育代表队，各级各类学校除组织一些校内竞赛活动外，还经常组织校际、区级和市级的各类竞赛活动，初步建立了学校体育竞赛制度，学校课余体育训练工作得到恢复与发展。

1986年《规划》出台后得到贯彻实施，课余体育训练的机制初步形成，学生运动竞赛制度日益完善，学校课余体育训练与竞赛的管理日趋规范。形成了以体育传统项目学校为基础，以试点中学为骨干，以试点大学为龙头的课余体育训练网络。各省、市、自治区的各级各类学校在《规划》精神的指导下，逐步完善了学校运动竞赛制度，在全国范围内开展了体育竞赛，内容和形式越来越丰富多样，体育竞赛得到健康地发展。《规划》对我国课余体育训练的发展具有里程碑的意义。

　　2005年颁布了《关于进一步加强普通高等学校高水平运动队建设的意见》，该文件充分肯定了1986年《规划》颁布以来所取得的成就，进一步完善和规范了学校课余体育训练的组织和管理制度，为学校课余体育健康和可持续发展提供了重要保证，也促进了学校课余体育训练走向正规化。

第三章 北京市普通高校大学生课余体育锻炼的现状

第一节 北京市普通高校大学生参与课余体育锻炼的动机分析

1.1 参与课余体育锻炼的动力系统

学生是否参与课余体育锻炼，主要取决于他们参与体育学习和锻炼的能力系统和动力系统。其中动力系统对能力系统具有推动和调节作用，直接影响能力系统的活动效率，同时也影响学生身体健康水平的提高。

大学生课余体育锻炼参与的动力调节系统，是推动个体从事课余体育锻炼的相对稳定又可变化发展的因素、多层次的驱动系统，包括参与需要、参与动机、兴趣、态度、活动习惯等。在大学阶段，学生的体育态度促使他们更自觉更理智地接受体育锻炼。学生进行课余体育锻炼时，参与的需要是激励其参加课余体育活动的原始动力，其他具有动力性的心理成分都是在参与需要的基础上发展起来的。课余体育锻炼的参与动机是学生参与需要的动态表现；课余体育锻炼兴趣是学生需要的情绪表现；课余体育锻炼习惯是学生需要的行为经常性的表现；而参与课余体育锻炼的态度则是学生参与需要的认知、情感和行为的综合表现。参与课余体育锻炼的动力调节系统是个性结构的组成成分之一，它要受人的自我调节结构的调控。但是，它的形成与发展是在社会环境与自然环境的影响下，通过人的实践活动实现的。在参与课余体育锻炼活动中，学生通过自身活动接受外界影响，找到自身活动的参照群体或参照标准，了解了自己的表现与发展水平，逐渐地形成自己的需要与兴趣，明确自己的追求与抱负水平，发展自己克服困难的意志力或养成参与课余体育锻炼的习惯。所有这些个性品质都会强有力地影响人们参加体育活动的积极性。

参与课余体育锻炼动力系统的建立直接影响到主体参与课余体育锻炼的效果。学生选择什么样的活动，采取什么样的行动，必定受其动力调节系统的影响。动力调节系统具有激发行为的始动功能，只有学生参与课余体育锻炼内在动力的产生，才可能有外显的课余体育锻炼行为。动力调节系统能促进行为的强化功能，动力调节系统能够激发学生的热情，提高克服困难的勇气和信心，强化学生的锻炼行为，增强学生的意志努力，提高锻炼参与效果。动力调节系统为行为的持久性提供动力保证。学生认识到了长期从事课余体育锻炼的意义，体验到了不间断锻炼的需要得到满足后的愉悦感，并且养成了锻炼的习惯，就会自愿在各种情况下坚持进行课余体育锻炼。我国社会心理学者认为"一个人的态度对其行为具有指导性的或动力性的影响"。

参与课余体育锻炼的动机，是学生对课余体育学习和身体锻炼活动所持有的认知评价、情感体验和行为意向的综合表现；是学生参与课余锻炼的倾向性和准备状态，它可以增大学生参与课余体育行为出现的可能性。

1.2 参与课余体育锻炼的动机分析

体育动机是指推动体育行为主体的人们从事体育活动，并维持这些活动的主观原因和心理状态。它是人们对客观体育需要的主观反映。通过调查发现，北京市普通高校大学生有比较积极的体育态度和明确的体育动机，懂得体育锻炼与自己身心健康发展有非常重要的关联。

大学生参加课余体育锻炼的动机由多方面构成。经过调查发现，大学生参加课余体育锻炼的动机主要是增强体质、娱乐身心、释放感情等，这说明大学生参加课余体育锻炼有比较明确的认识，参加课余体育锻炼的动机是健康和积极向上的，有利于学生的身心健康发展。但其中也存在一部分学生为应付考试而参加课余体育锻炼，这是一种消极的态度。这就要求学校、体育教师积极引导学生，使他们形成正确的体育价值观和自觉积极地参加课余体育锻炼的习

第三章　北京市普通高校大学生课余体育锻炼的现状

惯，为终身体育打下坚实基础。

表 3.1　北京市普通高校大学生参加课余体育锻炼的动机一览表（多选）（N=935）

锻炼动机	总体（935人） N	%	排序	男生（472人） N	%	排序	女生（463人） N	%	排序
增强体质	846	90.5	1	436	92.4	1	410	88.6	1
应付考试	371	39.7	6	85	18.0	6	286	61.8	4
健美减肥	483	51.7	5	111	23.6	7	372	80.3	2
娱乐身心、释放感情	725	77.5	2	385	81.6	3	340	73.4	3
增加与他人交流	621	66.4	3	364	77.1	4	257	55.5	5
提高技能、战术	536	57.3	4	415	87.9	2	121	26.1	7
充实课余生活	329	35.2	7	168	35.6	5	161	34.8	6
其他	98	10.5	8	45	9.5	8	53	11.4	8

由上表 3.1 可以看出，大学生参加课余体育锻炼的动机有：增强体质，应付考试，健美减肥，娱乐身心、释放感情，增加与他人交流，提高技能、战术，充实课余生活和其他等。其中总体排序第一的为增强体质，人数有 846 人，占调查总人数的 90.5%。这说明大学生不论男女，在对课余体育的增强体质的功能上认识正确。

男生在参加课余体育锻炼的动机排序前四位的分别是：增强体质，提高技、战术，娱乐身心、释放感情，增加与他人交流，人数所占百分比为 92.4%，87.9%，81.6% 和 77.1%。女生在参加课余体育锻炼的动机排序前四位的分别是：增强体质，健美减肥，娱乐身心、释放感情和应付考试。分别占女生总人数的 88.6%、、80.3%、73.4% 和 61.8%。

男女生排序第一位和第三位是相同的，分别是增强体质和娱乐身心、释放感情。排在二、四位的有所不同，女生是健美减肥和应付考试，男生是提高技能战术和增加与他人交流。产生这种差异的原因与男女生在心理和生理上的差异有关。男生更多注重个人技术水平的发挥和享受参与其中的乐趣，课余体育锻炼是男生课余生活很重要的一部分；而女生在参加课余体育锻炼时，更注重个人外表及形象，所以健美减肥是女生比较注重追求的，而应付考试也是其为了达到体育标准、维护个人形象的目的。

一般来说，积极和适宜强度的动机对学生的体育学习、体育行为表现有最佳影响，这时的动机状态可称为最佳体育动机状态。当学生处于最佳动机状态时，他们能将体育锻炼行为的责任内在化，主动参与身体锻炼活动的意向强烈地驱使他们从事到体育活动中去，并促使他们选择具有一定挑战性的体育锻炼任务，极大地动员自己的身心能量去实现体育锻炼的目标，在困难和挫折面前更加努力，坚持性更强。

1.3 不参与课余体育锻炼的原因

调查发现（表3.2），北京市普通高校大学生不参与课余体育锻炼的原因，男生主要表现为场地器材不足、组织形式不适宜、学习紧张；女生主要表现为场地器材不足、学习紧张、无习惯。经卡方检验，P＜0.01，男生女生不参与课余体育锻炼的影响因素存在显著差异。

表3.2 北京市大学生不参与课余体育锻炼的原因（P＜0.01）

	男生	%男生	%总量	女生	%女生	%总量	总量	%
无人要求	77	18.6	8.7	144	30.6	16.3	221	25.0
身体不好	75	18.1	8.5	60	12.8	6.8	135	15.3
组织形式不好	152	36.7	17.2	140	29.8	15.8	292	33.0
学习紧张	129	31.2	14.6	180	38.3	20.4	309	35.0
场地器材不足	181	43.7	20.5	207	44.0	23.4	388	43.9
无兴趣	73	17.6	8.3	120	25.5	13.6	193	21.8
无习惯	67	16.2	7.6	154	32.8	17.4	221	25.0
无氛围	46	11.1	5.2	98	20.9	11.1	144	16.3
其他	31	7.5	3.5	16	3.4	1.8	47	5.3

由表3.2可知，大学生把不参加体育锻炼的主要原因大都归结为：学校场地器材不足、组织形式不好和学习紧张。

分析认为，男生参与的课余体育锻炼最多的项目是篮球、足球等集体项目。这些运动都是集体运动项目，场地要求较高，同时此类运动，都需要参与到团体内进行锻炼，参与者才能体验到其中的乐趣，所以希望有一定的团队组织形式。而女生参与的运动主要集中在散步、羽毛球等项目上，所以组织形式对她们参与课余体育锻炼的影响不大。男女生都表现出紧张的学习影响了他们参与课余体育锻炼。

大学阶段，学生普遍学会了自己安排自己的人生。他们认为应对学校、社会激烈的竞争的首要方法就是好好的学习，以使自己处于竞争的上游，因而忽视了对身体素质的提高。

第二节　北京市普通高校大学生参与课余体育锻炼的场所与项目选择

2.1　大学生参与课余体育锻炼的场所选择

表3.3　大学生参与课余体育锻炼的场所选择（多选）（N=935）

主要场所	人数	%	排序
学校场地、场馆	843	90.2	1
健身俱乐部	246	26.3	4
收费场馆	62	6.6	5
公园、广场	365	39.0	2
宿舍	312	33.4	3
其他	20	2.1	6

表3.3显示，大学生选择课余体育锻炼地点在学校场地、场馆的人数为843人，占调查总人数的90.2%，居第一位。居第二位和第三位的是：公园、广场和宿舍，分别为365人和312人，占调查总人数的39.0%和33.4%。位居四、五、六位的分别是健身俱乐部、收费场馆、其他等场所，人数分别是246人、62人和20人，所占比例分别是26.3%，6.6%和2.1%。校内场地、场馆是学生参加课余体育锻炼的首选场所，学校是学生学习和生活的地方，就近和

方便可能是其中原因。也有一部分同学参与到社会体育活动中,可能是想提高自己的运动水平,除了兴趣、环境、经济条件外,与社会体育环境也有一定关系。

2.2 大学生参与课余体育锻炼的方式选择

表3.4 大学生参与课余体育锻炼的方式选择(N=935)

参与方式	人数	%	排序
与同学一起参加	728	77.9	1
单独活动	135	14.4	2
班级或学校组织才参加	72	7.7	3

体育锻炼方式的界定是锻炼时参与人数的多少,即锻炼者是以单独形式还是以团体形式来参加课余体育锻炼。表3.4中显示,728名学生是与同学一起参加课余体育锻炼的,排在第一位,占调查总人数的77.9%;排在第二位的是单独活动方式,人数为135人,占调查总人数的14.4%;当班级或学校组织才参加课余体育锻炼的人数为72人,占调查总人数的7.7%。调查表明,大多数学生愿意和同学们一起参加课余体育锻炼,一同享受运动带来的快乐。

2.3 大学生参与课余体育锻炼的项目选择

表3.5 大学生参加课余体育锻炼的项目选择

项目	男生（472人）			女生（463人）		
	N	%	排序	N	%	排序
篮球	289	61.2	1	95	20.5	6
足球	177	37.5	2	22	4.8	15
排球	106	22.5	7	78	16.8	8
健美球	43	9.1	13	126	27.2	3
乒乓球	98	20.8	8	64	13.8	9

第三章　北京市普通高校大学生课余体育锻炼的现状

续表

项目	男生（472人）			女生（463人）		
	N	%	排序	N	%	排序
羽毛球	146	30.9	3	266	57.5	1
轮滑	86	18.2	10	44	9.5	11
郊游	131	27.8	4	150	32.4	2
跑步	107	22.7	6	119	25.7	4
游泳	112	23.7	5	20	4.3	16
跳绳	93	19.7	9	114	24.6	5
踢毽子	88	18.6	12	89	19.2	7
登山	63	13.3	11	47	102	10
武术、太极拳	26	5.5	16	15	3.2	17
网球	40	8.5	14	25	5.4	14
跆拳道	34	7.2	15	35	7.6	12
瑜伽	15	3.2	17	30	26.5	13
其他	13	2.8	18	9	2.0	18

从表3.5中可以看出，男生喜欢并经常参加的体育锻炼项目依次为：篮球、足球、羽毛球、郊游、游泳、跑步、排球、乒乓球等，分别占到61.2%到20.8%等。女生喜欢并经常参加的体育锻炼项目依次为：羽毛球、郊游、健美操、跑步、跳绳、篮球、踢毽子、排球等，分别占到57.5%到16.8%等。从中可以看出，球类运动是不管是男生还是女生都比较喜欢的运动项目。男生把篮球项目排在第一，参加人数是最多的，而女生把羽毛球排在了第一位。男生较倾向于有激烈对抗和富有挑战精神的体育项目，而女生则比较倾向于娱乐性强，以游戏为主的体育项目。而且相对比其他项目而言，篮球场地在各学校都相当多，场地不紧张，这可能也是原因之一。而羽毛球对场地器材等要求不是很高，而且比较容易上手，活动量也可以自己控制，成为女生参与众多项目中人数最多的原因。

2.4 大学生不喜欢的课余体育锻炼项目

表 3.6 大学生不喜欢的四项课余体育锻炼项目

	器械体操	足球	气功	广播体操	棋牌	跑步
男	81	49	66	88	66	24
%男	19.6	11.9	16.0	21.3	16.0	5.8
女	141	137	112	57	73	74
%女	30.0	29.1	23.8	12.1	15.5	15.7
总量	222	186	178	145	139	98
	25.1	21.1	20.2	16.4	15.7	11.1

表3.6显示，北京市普通高校大学生最不喜欢的三项体育运动项目依次是（1）器械体操，占总人数的25.2%，其中男生（19.6%）高于女生（30.0%）；（2）足球，占总人数的21.1%，其中男生（11.6%）低于女生（29.1%）；（3）气功，占总人数的20.2%，其中男生（16.0%）低于女生（23.8%）。

按照性别比统计得出，男生最不喜欢的四项体育项目依次是：器械体操（19.6%）、广播操（21.3%）、健美操（16.2%）、气功（16.0%）和棋牌（16.0%）。女生最不喜欢的思想体育项目依次是：器械体操（30.0%）、足球（29.1%）、气功（23.8%）、跑步（15.7%）。

笔者在调查过程中发现，学生的体育兴趣广泛，从学校教授的体育项目到社会中流行体育运动项目，从校园运动到户外运动，从一般运动到挑战运动都有浓厚的兴趣。随着信息来源的多样化，学生对学校没有的体育项目充满了兴趣，例如，女生对瑜伽、普拉提感兴趣。男生对F1、自行车、水球、攀岩感兴趣。这些项目在学校里面开展得很有限。因此，在推动学生参与课余体育锻炼的同时，我们的教材应及时更新，紧跟社会发展的步伐，将社会上已经得到发展的而又没有在学校开设的体育项目尽快引入课程体系，以丰富学生的校园生活，拓宽学生课余体育锻炼的兴趣爱好。

第三节 北京市普通高校大学生课余体育锻炼的时间和频度分析

3.1 课余体育锻炼时间选择

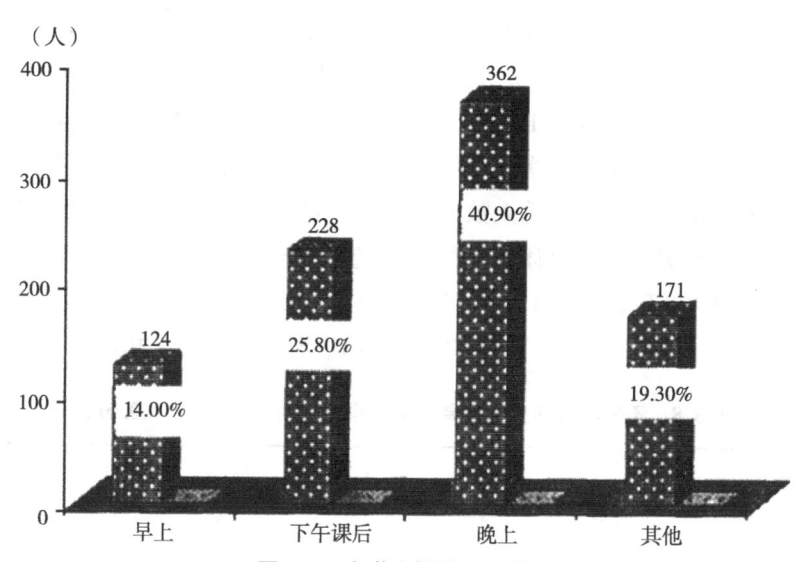

图 3.1 大学生锻炼时间选择

根据图 3.1 (有效样本 885 人) 可以看到,北京市大学生参与课余体育锻炼多集中在下午课后和晚上,共有 590 人,占总数的 66.7%;其中晚上最多,占 39.8%;下午课后锻炼的有 228 人,占总人数的 25.8%;早上锻炼的人数最少。调查显示,学生选择其他时间锻炼,一般都是没有固定锻炼时间,锻炼的随意性很大(在此不做细述)。

表 3.7 不同性别大学生锻炼时间选择

		早上	下午课后	晚上	其他	总量
男	数量	77	159	126	52	414
	性别%	18.6	38.4	30.4	12.6	100.00

续表

		早上	下午课后	晚上	其他	总量
女	数量	47	69	236	119	471
	性别%	10.0	14.6	50.1	25.3	100.0
总量	数量	124	228	362	171	885
	性别%	14.0	25.8	40.9	19.3	100.0

从表3.7中，我们可以看出，男生参与课余体育锻炼选择下午课后锻炼的最多，占男生总人数的38.4%；其次是晚上锻炼，占男生总人数的30.4%；最后是早上，占男生总人数的18.6%。女生参与课余体育锻炼选择晚上的最多，占女生总人数的50.1%；其次是下午课后的锻炼，占女生总人数的14.6%；早上锻炼的人数最少，占女生总人数的10.0%。经卡方检验，$P<0.05$，检验有显著意义，表明男女生课余体育锻炼时间选择具有显著差异。也有研究表明，"男生主要集中在下午（46%）、早晨（27%）、晚上（24%），女生主要集中在晚上（46%）、早上（30%）、下午（26%），与本研究结果相似。

表3.8 不同年级学生参与课余体育锻炼的时间选择（$P<0.01$）

			早上	下午课后	晚上	其他	总量
年级	1	数量	60	70	43	27	200
		性别%	30.0	35.0	21.5	13.5	100.00
	2	数量	23	33	115	53	224
		性别%	10.3	14.7	51.3	23.7	100.00
	3	数量	28	63	120	57	268
		性别%	10.4	23.5	44.8	21.3	100.00
	4	数量	13	55	61	21	150
		性别%	8.7	36.7	40.7	14.0	100.00
	5	数量	0	7	20	12	39
		性别%	.0	17.9	51.3	30.8	100.00
	6	数量	0	0	3	1	4
		性别%	.0	.0	75.0	25.0	100.00

第三章 北京市普通高校大学生课余体育锻炼的现状

续表

		早上	下午课后	晚上	其他	总量
总量	数量	124	228	362	171	885
	性别%	14.0	25.8	40.9	19.3	100.0

由表 3.8 可以看出，一年级下午课后参与课余体育锻炼的比例最高，占 35.0%，其次是选择早上锻炼，占 30.0%。其他年级的学生参与课余体育锻炼选择晚上锻炼的比例最高，选择早上锻炼的比例最低。

表 3.9 不同学科学生参与课余体育锻炼时间的选择（P<0.01）

			早上	下午	晚上	其他	总量
分科	文	数量	37	51	77	48	213
		性别%	17.4	23.9	36.2	13.5	100.00
	理	数量	4	17	24	16	61
		性别%	6.6	27.9	39.3	26.2	100.00
	工	数量	3	27	50	20	100
		性别%	3.0	27.0	50.0	20.0	100.00
	医	数量	12	33	105	45	195
		性别%	6.2	16.9	53.8	23.1	100.00
	体	数量	45	69	43	15	172
		性别%	26.2	40.1	25.0	8.7	100.00
	艺	数量	23	31	63	27	144
		性别%	16.0	21.5	43.8	18.8	100.00
总量		数量	124	228	362	171	885
		性别%	14.0	25.8	40.9	19.3	100.0

见表 3.9，不同学科的学生参与课余体育锻炼，除了体育专业学生选择下午课后锻炼的，其他学科的学生选择晚上锻炼的比例最高。各个学科学生们的第二选择主要是在下午课后参与锻炼。

3.2 大学生参与课余体育锻炼的频度分析

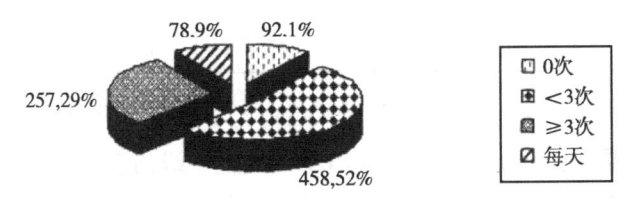

图 3.2 大学生每周参与课余体育锻炼的次数

本次调查发现，学生每周锻炼 0 次的共有 92 人，占总人数的 10.4%；锻炼每周 3 次以下的有 458 人，占总人数的 51.8%每周锻炼 3 次及以上的学生共计 335 人，占总人数的 37.8%（见图 3.2）。

有研究者对北京市重点大学学生健康的体育意识与行为倾向研究表明，"大学生每周锻炼次数超过或等于 3 次占到 45.7%"，另外"有 22.8% 的大学生每周锻炼次数为 1 次甚至不锻炼"。也有研究表明：体育锻炼的参与率，男生明显高于女生，周锻炼 3 次以上的大学生约有 42.8%，其中 3～4 次占 27.3%，5 次以上 15.5%；约有 34.7% 的学生能坚持每周锻炼 1~2 次。本调查显示，每周锻炼 3 次及以上的学生人数明显低于以上调查结果。

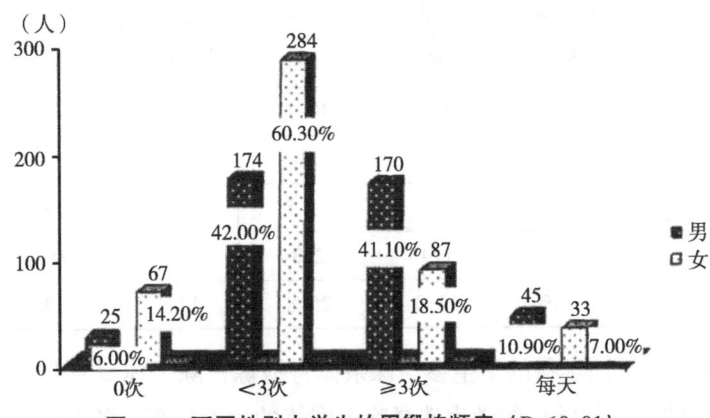

图 3.3 不同性别大学生的周锻炼频度（P<0.01）

由图 3.3 可以看到，男生每周参加课余体育锻炼 3 次及以上的同学人数比较接近；女生每周参加课余体育锻炼 0 次和 3 次以上的人数比较接近。不参加课余体育锻炼的学生，女生（14.2%）高于男生（6.0%）。每周参加课余体育锻炼3次以下的学生，男生（42.0%）高于女生（60.3%）。每周参加课余体育锻炼在3次及以上的学生，男生（41.1%）高于女生（18.5%）。每天参加课余体育锻炼的学生，男生（10.9%）高于女生（7.0%）。总体上，男生参与课余体育锻炼的比例高于女生。每周参加两次锻炼的人数最多，女生比男生高18.3%。

每周锻炼次数达到3次以上，男生比女生高22.6%。同时每天参加锻炼的人数，男生也比女生高出了3.9%。本研究与王昊的研究结果相似，其研究表明，每周锻炼5次以上的女生比例很小，只有3.29%，每周锻炼3~4次的女生也不多，仅有20.49%，而每周锻炼1~2次的人数占40.17%。也有研究表明：有22.5%（其中男生13.8%、女31.8%）周锻炼不到1次，其性别差异具有显著性。本研究经卡方检验，P值接近于0（P＜0.01），男女学生参与课余体育锻炼的次数存在显著差异。

表3.10 不同年级大学生每周参与课余体育锻炼的频度（P＜0.01）

			0次	＜3次	≥3次	每天	总量
年级	1	数量	9	85	82	24	200
		%年级	4.5	42.5	41.0	12.0	100.00
	2	数量	19	149	51	5	224
		%年级	8.5	66.5	22.8	2.2	100.00
	3	数量	34	137	65	32	268
		%年级	12.7	51.1	24.3	11.9	100.00
	4	数量	19	61	53	17	150
		%年级	12.7	40.7	35.3	11.3	100.00
	5	数量	10	24	5		39
		%年级	25.6	61.5	12.8		100.00
	6	数量	1	2	1		4
		%年级	25.0	50.0	25.0		100.00

续表

		0次	<3次	≥3次	每天	总量
总量	数量	92	458	257	78	885
	性别%	10.4	51.8	29.0	8.8	100.0

通过表3.10可以看到，学生能每周参加3次及以上锻炼的人数比例在一年级最高，占41.0%；其次是四年级，占35.3%；后面依次是：六年级，占25.0%；三年级，占24.3%；二年级，占22.8%；最后的是五年级，占12.8%。其中，能坚持每天锻炼的同学，一年级占12.0%，二年级占2.2%，三年级占11.9%，四年级占11.3%。

与本调查不同，有研究表明：年级越高，参加锻炼的次数越少，大一、大二的学生则呈上升趋势。女生在大三、大四阶段参加锻炼的比率明显低于男生。主要是因为大三、大四学生不开体育课，而女生则受其生理、心理、认知因素的影响，比例分布呈现两头高中间低的分布（统计一——四年级）。

两头高的原因，笔者分析有以下几点：一是由于大一学生刚进大学，学习压力不大。紧张的高三学习生活，学生将所有精力都用在学习上，没有过多的时间去考虑自我需要。进入大学，学生有了一个相对宽松的环境，他们有了更多的自我选择，更加注重关注自我需要，所以他们能够投入相对多的时间进行体育锻炼；二是大一学生刚进校，大学校园良好的体育设施也是促使他们进行体育锻炼的一个重要因素；三是相对高中的体育课程，大学体育课注重学生选择自己感兴趣的课程，从心理学上讲，兴趣是促进行为的首要要素，因此，大一学生更加愿意参与体育锻炼；四是大一学生进入大学，相对于高中，他们有了更多的自我支配的时间和自由；五是不同于高中，大学体育课程总是与期末成绩挂钩，与奖学金挂钩，这也促使学生参与到课余体育锻炼中去；六是学生进入大四，学习压力逐渐降低（四年制），学生的任务主要是进行实习和找工作。因此，在时间上学生有了更多的课余时间（因5，6年级统计人数少，不能真实反映整体特征，故不做细评）。

中间低的原因，笔者分析认为有如下几点：一是进入二年、三年级，学生入学时的新奇感减退，逐渐感觉到压力和竞争，所以他们愿意花更多的时间在学习上；二是大部分学校体育课程在大二结束，学生没有体育课程的引导，参

第三章 北京市普通高校大学生课余体育锻炼的现状

加体育锻炼的次数随之下降;三是学生对生活环境,学习环境的熟悉,他们的需要增加,行为方式也逐渐改变,朋友的增多,交际面的扩大,使学生的生活方式有了更多的选择,学生课余时间更愿意和朋友出游;对网络的熟悉,学生把大量的时间用于网络游戏和网络资讯上。

表 3.11 不同学科大学生每周参与课余体育锻炼的频度($P<0.01$)

		0次	<3次	≥3次	每天	总量
文	数量	19	139	47	8	213
	%分科	8.9	65.3	22.1	3.8	100.00
理	数量	11	33	14	3	61
	%分科	18.0	54.1	23.0	4.9	100.00
工	数量	9	61	26	4	100
	%分科	9.0	61.0	26.0	4.0	100.00
医	数量	28	117	42	8	195
	%分科	14.4	60.0	21.5	4.1	100.00
体	数量	5	29	87	51	172
	%分科	2.9	16.9	50.6	29.7	100.00
艺	数量	20	79	41	4	144
	%分科	13.9	54.9	28.5	2.8	100.00
总量	数量	92	458	257	78	885
	%分科	10.4	51.8	29.0	8.8	100.0

笔者将收回资料按照《大学生的培养与使用》分科标准,将所有专业分为六类科目,同时因为体育与艺术科目与其他科目的区别,所以将其单独列为一类。由表 3.11 可以看到,不参加锻炼人数比最多的是理科类,占同类比的 18.0%;其次是医科类,占同类比的 14.4%;再次是艺术类,占同类比 13.9%。参加次数达到三次及以上的,体育类最高,占同类比的 80.3%其次是工科,占同类比的 30.0%;再次的是艺术类,占同类比的 31.3%;第四是理科类,占同类比的 27.9%;第五是文科类,占同类比的 25.9%;最少的是医科类,占同类比的 25.6%。

高校大学生课余体育锻炼组织、运行、督导方案的可行性探究

根据交叉列联表分析，能够同时满足每次持续锻炼时间在 30 分钟及以上，每周锻炼三次及以上两个条件的不同分科的学生人数占本类学生比分别为：文科 13.6%、理科 18.3%、工科 15.0%、医科 14.9%、体育 63.4%、艺术 13.9%。分析发现，有体育锻炼习惯，经常参与体育锻炼的只有体育类学生最多，其他科类学生都不到 20%。大学生在校拥有良好的体育锻炼环境（包括良好的信息来源、良好的师资优势、良好的体育器材设施）。而在这样好的条件下，参与体育锻炼的学生比例却很低，调查结果值得我们思考。经卡方检验，P 值接近 0，其中 P＜0.01，说明各类分科之间有显著差异。

3.3 大学生参与课余体育锻炼的持续时间分析

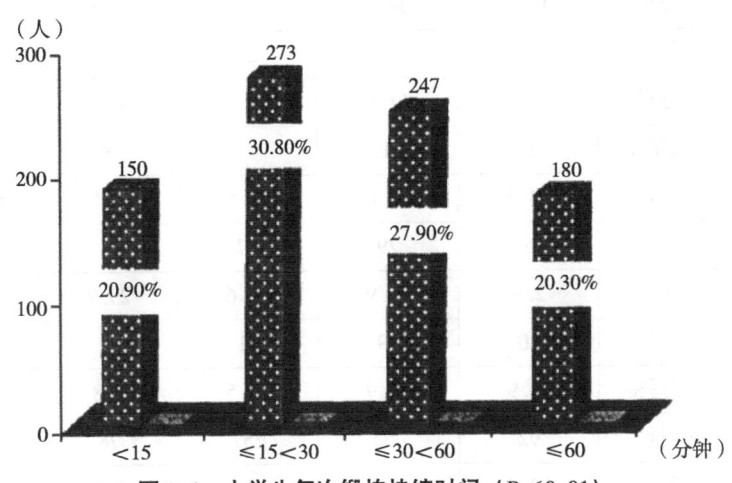

图 3.4 大学生每次锻炼持续时间（P＜0.01）

见图 3.4，统计分析得出，学生每次锻炼达到 30 分钟及以上的人数共 427，占总人数的 48.2%；锻炼时间不足 15 分钟的共 185 人，占总人数的 20.9%；锻炼时间在 15~30 分钟之间的人数共 273 人，占总人数的 30.8%。

表 3.12 不同性别大学生课余体育锻炼持续时间（P＜0.01）

分钟		＜15	15~30	30~60	≥60	总量
男	数量	50	100	132	132	414
	%性别	12.1	24.2	31.9	31.9	100.00

第三章　北京市普通高校大学生课余体育锻炼的现状

续表

分钟		<15	15~30	30~60	≥60	总量
女	数量	135	173	115	48	471
	%性别	28.7	36.7	24.4	10.2	100.00
总量	数量	185	273	247	180	885
	%性别	20.9	30.8	27.9	20.3	100.0

由表 3.12 可以得出，锻炼持续时间不足 15 分钟的同学共 185 人，占总人数的 20.9%。其中男生 50 人，占男生总人数的 12.1%；女生 135 人，占女生总人数的 20.9%。锻炼持续时间在 15~30 分钟的同学共 273 人，占总人数的 30.8%。其中，男生 100 人，占男生总人数的 24.2%；女生 173 人，占女生总人数的 36.2%。锻炼持续时间在 30~60 分钟的同学有 247 人，占总人数的 27.9%。其中，男生 132 人，占男生总人数的 31.9%；女生 115 人，占女生总人数的 24.4%。锻炼持续时间在 60 分钟以上的同学共 180 人，占总人数的 20.0%。其中，男生 132 人，占男生总人数的 31.9%；女生 48 人，占女生总人数的 10.2%。经卡方检验，P 值接近 0，$P<0.01$，检验有显著意义，表明男女生参与课余体育锻炼的持续时间具有显著差异。

表 3.13　不同年级大学生每次参与课余体育锻炼的持续时间（$P<0.01$）

分钟			<15	15~30	30~60	≥60	总量
年级	1	数量	27	61	64	48	200
		%年级	13.5	30.5	32.0	24.0	100.00
	2	数量	53	87	53	31	224
		%年级	23.7	38.8	23.7	13.8	100.00
	3	数量	58	79	66	65	268
		%年级	21.6	29.5	24.6	24.3	100.00
	4	数量	28	35	52	35	150
		%年级	18.7	23.3	34.7	23.3	100.00
	5	数量	18	10	10	1	39
		%年级	46.2	25.6	25.6		100.00

续表

分钟		<15	15~30	30~60	≥60	总量
年级 6	数量	1	1	2	0	4
	%年级	25.0	25.0	50.0	.0	100.00
总量	数量	185	273	247	180	885
	性别%	20.9	30.8	27.9	20.3	100.0

通过表 3.13 可以看到，一年级每次参与课余锻炼的持续时间在 30~60 分钟的人数比例最高，占 32.0%；其次是 15~30 分钟，占 30.5%；再次是 60 分钟以上的，占总人数的 24%。二年级每次参与课余体育锻炼持续时间在 15~30 分钟的比例最高，占 38.8%；其次是锻炼持续时间在 15 分钟以下和 30~60 分钟的，分别占 23.7%。三年级同学每次锻炼持续时间在 15~30 分钟的比例最高，占 29.5%；其次是锻炼持续时间在 30~60 分钟的，占 24.6%。四年级每次参与课余体育锻炼的持续时间在 30~60 分钟的人数比例最高，占 34.7%。其次是每次锻炼时间在 15~30 分钟和 60 分钟以上的，分别占 23.3%。五年级锻炼持续时间不足 15 分钟的学生比例最高，占 46.2%；其次是锻炼时间在 15~30 分钟和 30~60 分钟的学生，占 25.6%。六年级锻炼时间在 30~60 分钟的比例最高，占 50.0%，其次是锻炼持续时间在 15 分钟以下和 15~30 分钟的学生，分别占 25.0%。

表 3.14 不同学科大学生每次参与课余体育锻炼的持续时间（P<0.01）

分钟		<15	15~30	30~60	≥60	总量
文	数量	51	78	59	25	213
	%学科	23.9	36.6	27.7	11.7	100.00
理	数量	24	11	13	13	61
	%分科	39.3	18.0	21.3	21.3	100.00
工	数量	15	32	25	28	100
	%分科	15.0	32.0	25.0	28.0	100.00
医	数量	47	67	52	29	195
	%分科	24.1	34.4	26.7	14.9	100.00

第三章 北京市普通高校大学生课余体育锻炼的现状

续表

分钟		<15	15~30	30~60	≥60	总量
体	数量	13	28	58	73	172
	%分科	7.6	16.3	33.7	42.4	100.00
艺	数量	35	57	40	12	144
	%分科	24.3	39.6	27.8	8.3	100.00
总量	数量	185	273	247	180	885
	%分科	20.9	30.8	27.9	20.3	100.0

通过表3.14可以看到，文科学生每次锻炼持续时间在15~30分钟的比例最高，占36.6%；其次是30~60分钟，占27.7%；再次是不到15分钟的，占23.9%；每次锻炼持续时间超过60分钟的，占11.7%。

理科学生每次锻炼持续时间不超过15分钟的比例最高，占39.3%；其次是锻炼持续时间在30~60分钟的和超过60分钟的，分别都占21.3%；最后的是锻炼时间在15~30分钟的，占18.0%。

工科学生每次锻炼持续时间15~30分钟的比例最高，占32.0%；其次是锻炼持续时间超过60分钟的，占28.0%；再次是锻炼持续时间在15~30分钟的，占25.0%；最后是锻炼时间不到15分钟的，占15.0%。

医科学生锻炼持续时间在15~30分钟的最高，占34.4%；其次是锻炼持续时间在30~60分钟的，占26.7%；再次的锻炼持续时间不到15分钟的，占24.1；最后的是锻炼持续时间超过60分钟的，占14.9%。

体育生，锻炼持续时间超过60分钟的比例最高，占42.4%；其次是30~60分钟的，占33.7%；再次是15~30分钟，占16.3%；最后是不到15分钟的，占7.6%。

艺术类学生锻炼持续时间在15~30分钟的比例最高，占39.6%；其次是30~60分钟，占27.8%；再次是不到15分钟的，占24.3%；最后是超过60分钟的，占8.3%。

锻炼时间在30~60分钟的学生中，体育生最高，后面依次是文科和艺术、医科、工科、理科。锻炼时间在超过60分钟的学生中，体育类最高，后面依次是工科、理科、医科、文科和艺术。

第四章　北京市普通高校大学生课余体育锻炼组织方案体系

第一节　北京市普通高校大学生课余体育锻炼组织方案要素构成

1.1　组织管理

中国高校由于诸多因素的影响，高校对课余体育的管理也呈现较大的不平衡性。国内排名靠前的几所大学，像北京大学、清华大学、上海交通大学等对学校的俱乐部管理制度相对完善。大部分高校由于处于刚刚引进俱乐部制的阶段，管理制度只是流于形式。笔者通过网络数据库资源对北京市几所较好高校体育俱乐部管理的相关政策进行了研究。

为了推动高校体育社团—俱乐部的发展，北京地区出台了对高校体育社团的管理办法。该办法对如何成立体育协会、体育协会的管理和运转做了详细的规定。办法包括八章内容分别为：总则、学生社团的成立、学生社团的监督管理、学生社团的组织机构、学生社团成员的权利和义务、学生社团的变更和注销、学生社团的奖惩制度、附则。办法中并指出，体育社团的成立是在自愿的原则上成立的，遵守国家、地区的法律法规。办法还规定了社团的任务，即在领导上受院校党委的领导，各高校团委并受党委的委托，在学校党委宣传部、学生工作部（处）、教务处等职能部门的支持下，承担本校学生社团的日常管理工作；活动经费主要从高校第二课堂经费中统一划拨和管理。社团通过会费

第四章　北京市普通高校大学生课余体育锻炼组织方案体系

缴纳、接受奖励或赠与等其他形式获得的经费由社团自主管理，但其财务活动必须遵守所属院校的财务制度。社团的成立应当经所属院校团委审查同意，报批党委批准，并依照此办法的规定进行登记。对参加体育社团的学生资格规定为全日制高等院校中具有中国国籍、正式学籍的研究生、本专科学生。应该说该办法对高校体育社团的各个方面的管理做了详细的描述。虽然国内的部分一流高校对课余体育的实施和管理上有了很大的进步，由于中国地区经济发展的不平衡性，造成了各个地区的高校发展也呈现不平衡。高校课余体育在实施上也不尽相同，经济发达地区、场地设施条件较好的地区，课余体育开展情况明显好于场地设施条件差的学校。

本研究主要以北京市高校普通大学生群体为研究对象，主要计划通过校内体育俱乐部这种形式参加课余体育活动，所以对北京市高校课余体育管理主要从高校体育俱乐部的管理上谈。一般认为，学校的体育俱乐部是完全有在校全日制大学生来管理和运转的，大学体育俱乐部的组织与管理是一项复杂的工作，一般按下列步骤进行：

（1）确立目标。目标是行动的指南。体育俱乐部目标就是体育俱乐部工作的方向，并要根据目标制定相应的策略。例如，将参加各种竞赛作为俱乐部一项重要目标，就要努力保证昂贵的旅行和比赛费用。除了总目标外，俱乐部还要有自己的年度目标、阶段目标和特殊目标等。此外，还要选择以怎样的活动方式来完成这些目标。

（2）预算和经费来源。在如今财政经费普遍紧张的情况下，要合理有效地使用有限的经费，并做到自己养活自己。预算不仅涉及财政经费，还要考虑师资配置、体育活动设施供给和管理等。经费的主要来源有：俱乐部会员缴纳会费，体育俱乐部会员资格者一般每年要缴纳 20~40 美元的会费；少量来自校方拨款；一些其他社会组织的捐助；体育俱乐部组织的各种活动创收。对于大多数体育俱乐部来讲，都要填补一半的经费缺口。因此，体育俱乐部要通过举办某些特殊活动而筹集资金，如举办父母周末活动，与校友会、学校开发办公室等合作吸收额外的资金等。还可依赖热门体育项目，如足球、篮球的门票收入来支持其他不能有更多收入的体育项目。

（3）组织。组织结构能保证体育俱乐部的正常运行，在建立一个健全的组织结构后,还要确定组织中的从属关系,明确职务权限和任职资格。其中俱乐部委员会是俱乐部的领导核心,它维系俱乐部个体成员之间的关系,协调俱乐部内的整体工作。

(4)人员配备。参与体育俱乐部管理的人员有职业性和志愿者两类。多数情况下,体育俱乐部的指导者或协调人是职业性的,负责俱乐部的日常工作。这些人不仅具有体育运动和娱乐的专门知识,而且还有管理知识以及与学生友好相处的经验。俱乐部的经理、咨询人员和技术指导员都是志愿者。俱乐部经理大都是全日制学生,至少是一年以上的本俱乐部会员,是由俱乐部全体会员推选出来的。

俱乐部自身负责招聘咨询员和指导员,适当情况下也征求俱乐部协调人的意见。对咨询人员的要求关键是对体育运动有浓厚兴趣、具有体育方面的知识,以及与学生协同工作的能力等。而对于技术指导者的要求则是必须具有资格证书。有些俱乐部甚至聘请职业教练担任俱乐部的咨询员和指导员。体育俱乐部内人员流动很大,时常有老会员退出和新会员加入,所以选定俱乐部管理人员一般由将离职的管理人员和协调人共同负责,并使新的管理人员逐渐熟悉俱乐部的组织结构、政策、目标、现实问题和未来发展方向等方面的事务。

(5)领导。根据具体职位所授予的权力确保俱乐部各项工作的正常开展。俱乐部经理及其他管理人员必须愿意并能够对俱乐部的全体成员负应有的责任,并努力协调各种关系,如俱乐部与学校关系、俱乐部之间关系、俱乐部会员之间的关系,保证俱乐部的顺利运转以及目标的实现俱乐部的管理者还要帮助全体会员提高素质,包括增进会员体育方面的知识、提高技术和积累经验等。俱乐部领导还必须能够激发全体会员为俱乐部工作的热情,使会员遵守俱乐部章程,鼓励创造性思想的出现。无论哪个群体,其内部冲突是不可避免的,俱乐部管理者应着力解决这些矛盾,鼓励会员为俱乐部着想,并解决自身的问题,充分发挥每个成员的主动性和积极性。

(6)评价与奖励。根据俱乐部的活动情况以书面形式总结活动内容和经费使用情况。以俱乐部活动目标为依据评定体育俱乐部的成效,找出差距并调整行动计划,分析存在的问题,找到解决问题的方法,为制定下一轮俱乐部计划提供建议。这需要体育俱乐部协调人、委员会和管理人员共同参与讨论,再向全体会员反馈本俱乐部成功经验和失败的教训。由于大部分成员是志愿者，没有报酬，可采用答谢宴会、赠送礼物。或通过媒介登名等形式表示感谢。同样，对于那些辜负会员期望或失职的管理人员予以必要的惩罚，以督促后来管理者认真履行职责。

1.2 组织形式

长期以来，中国高校一直重视学科课程。在学校体育方面，学校重视有组织、有指导的体育教学，但却忽视了课余体育功能作用的研究和改革。即使在今天很多高校都引进俱乐部的背景下，高校课余体育主要还是通过学生自主活动进行的。由于大学的课程相对较为宽松，学生可以抽出更多的时间来进行各种体育锻炼。近年来，高校俱乐部得到了很大的发展，这种欧美国家高校采用的课外体育组织形式越来越得到认可，它在学生发展中的作用越来越得到重视。

今天，高校学生除了自主进行体育锻炼外，还通过各种单项体育俱乐部，体育协会（相当于美国高校的体育俱乐部）、校文化节、趣味运动会、各种竞赛活动、校院运动会参与课余体育活动。本文主要研究的是有组织的课外体育活动的体育俱乐部。如北京大学，由于全民健身运动的普及和意识的增强，北京大学相继成立了40余个体育协会和俱乐部，居各学科协会数量之冠。各体育协会开展体育活动是对学生进行素质教育的一个非常好的手段，可以锻炼学生的社会交往能力，提高组织能力，增长知识，提高综合素质。体育社团由校团委统一管理，体育教研处教师参与指导，学生自发组织参与。

1.3 场地设施

根据调查，中国高校发展呈现严重的不平衡性，国内的一流大学如北京大学、清华大学的体育场馆设施情况甚至可以与美国一流高校相媲美。与此同时，有部分高校的场馆设施不能满足一般正常的体育教学，更谈不上学生课余体育的正常开展。学生在进行课余体育活动的时候经常是很多人拥挤在一片场地，一个球场活动，这种情况在一些高校较为多见。无论是种类还是空间，中国高校的体育场馆设施情况与美国高校相比还有很大的差距，当然这种差距会随着我国社会经济文化的发展而逐步缩小。关于国内相关高校体育场馆调查情况如下。

表 4.1 国内北京大学等高校体育场馆设施情况

学校	场馆设施
北京大学	游泳馆、羽毛球馆、室内跑廊、田径场、篮球场、足球场、排球场、网球场、健身房、多功能厅、橄榄球场、高尔夫场
清华大学	保龄球馆、游泳馆、紫荆运动场、西区体育馆、篮球馆、体操馆手球场、健身房、器械房、网球场、排球场、乒乓球馆、室内外田径场、跳水馆、足球场
上海交通大学	田径场、网球场、游泳池、乒乓球房、健美房、足球场、篮球场、排球场
西安交通大学	田径场、篮球场、网球场、足球场、单双杠区、游泳池、舞蹈房、排球场、羽毛球场、乒乓球馆

在美国，每个高校都有一个和多个综合性的体育场馆。很多场馆的建造历史悠久，规模也很大，如哈佛大学的运动场可以容纳 30 323 个座位，通过翻修一度可以容纳 57 166 个座位，这是国内一般高校所不能与之相比的。各种运动项目的运动场地遍布高校，由于美国高校校内体育提供多项目的体育运动，所以必须有相应的体育场地器材。场馆设施配套齐全，很多体育场馆有供暖系统、衣柜间、浴室、按摩放松室、餐厅等，功能齐全。由于综合性体育场馆的投资较大，我国高校只是在近年才先后建成综合性的体育场馆，而且不具有普遍性。因此，场馆建设等硬件设施方面，是我们最应该迎头赶上的。

1.4 课余体育锻炼目标设置

高校课余体育是高校体育的重要组成部分，是实现高校体育目标的重要途径。国家教育部在 2002 年颁布的《全国普通高等学校体育课程指导纲要》（以下简称《纲要》）中明确提出，为实现体育课程目标，应使课堂教学与课外、校外的体育活动有机结合，学校与社会紧密联系。要把有目的、有计划、有组织的课外体育锻炼、校外活动、运动训练等纳入体育课程，形成课内外、校内外有机联系的课程结构。

第四章 北京市普通高校大学生课余体育锻炼组织方案体系

为了贯彻、落实教育部《纲要》的精神，中国各高校积极开展新课程理念的讨论与思考，重新构建协调发展的学校体育体系，把课余体育作为高校公共体育课程内容的延伸和重要组成部分，努力开展多种形式的课余体育活动。一些高校提出了比较明确的课余体育目标：北京大学提出通过积极参与体育俱乐部的各种活动提高学生的的综合素质，锻炼学生的社会交往能力，提高组织能力，增长知识，提高综合素质的目标；厦门大学则提出培养学生健康的兴趣爱好、锻炼学生的组织协调能力、活跃校园文化生活，通过学生社团进行实践能力培养、提高身体素质、促进学生的健康成长等目标；上海交通大学则明确提出向传授学生健康的体育思想，全面提高学生的身体素质等。

1.5 课余体育锻炼内容

中国高校目前广泛开展的体育项目情况：球类项目通常是篮球、足球、排球、羽毛球、乒乓球、网球，即我们常说的三大球、三小球；水上项目有游泳；武术类项目有太极拳、武术、跆拳道、拳击、中国武术、散打、地方特色的武术拳种。健身项目有有氧健身操、舞蹈、街舞、健身跑、太极拳等；特殊项目有攀岩（少数高校）、野营（少数高校）、旅行（少数高校）、极限运动（少数高校）。

而美国高校开展的课余体育内容（项目）比中国高校多且广泛，开展的项目具有鲜明的民族性和挑战性。在具体项目上，如橄榄球、棒球、壁球、兜网球、垒球、手球、水球、马术、巴西柔术、击剑、攀岩、极限运动、跳伞、赛艇、帆船、高尔夫、合气道、剑术、柔道、跆拳道等在中国高校是不常见的。而中国高校开设的内容则相对较少，项目涉及的范围也比较窄，美国高校开设的一些水上运动和特殊运动项目几乎没有。近年来，随着社会经济的发展，体育文化的国际间交流，跆拳道、空手道、攀岩等具有挑战性的运动项目逐渐在中国高校开展起来。

造成差异的主要原因如下：

经济的发展。众所周知美国从 19 世纪末就成了世界经济强国，较强的经济实力为美国高校体育设施的建设成为可能。美国每年在教育上的投入很大，由于美国绝大数国民喜爱体育运动，所以政府在高校、社区、公众场合体育设

· 63 ·

施的建设力度很大。分布在全美各大高校近700片冰球场、数千个游泳池等，这些场地的建设也是较强经济实力的反映。

人们的兴趣爱好。欧美人大多喜欢运动强度比较大的、身体对抗性比较强的、充满挑战性的运动，如橄榄球、拳击、跳伞、攀岩等体育项目。

民族组成。美国是一个移民国家，早期，外来的欧洲民族为推动美国的体育事业的做出了重要的贡献。北美洲的森林和湖泊为其提供了良好的条件，体育运动得到了良好的发展。英格兰移民也把他们的体育运动带入美国，成为美国现代田径运动的先导。在新英格兰地区及所有边疆地区，体育运动得以发展，人们长途骑马，练习射击打靶，狩猎和钓鱼不但是获得食物的手段，而且还是一种娱乐形式，来自爱尔兰的移民在十九世纪成为了出色的棒球手和拳击运动员。德国移民的体操，非洲移民为美国的篮球和田径事业做出了重要的贡献。随着美国西部大开发的进行，大量来自亚洲主要是中国的华人在带去了劳动力的同时，也带去了中国武术。二战以后，轴心国战败，世界分为以美苏为首的两大势力阵营。日本变成了美国的附属国，美日的交往和联系比较密切，日本的各种武术也随之传入美国各大学。20世纪的是科技经济文化发展飞快的一个世纪，美国的很多全球著名的高校都注重吸收来自世界各地的人才，这些来自世界各个国家的留学生也把他们各自熟悉的体育项目带到美国，从而使美国这个国家呈现出世界大熔炉的特点。这种特点反映到美国生活的各个方面，当然体育也不例外，典型的如美国高校的球类项目、武术类项目。很多项目都是分散在世界各个国家，但通过移民、留学生等多种途径从而在美国这块土地上汇集起来，形成了美国多样性的文化特征。

第二节　北京市普通高校大学生课余体育锻炼组织方案可行性分析

2.1　高校大学生课余体育锻炼组织方案的必要性

就目前情况来看，我国青少年体质明显不如欧美等国家青少年的体质好，再加上不良习惯的影响以及心理健康问题等原因，青少年犯罪率呈直线上升趋势。科学研究表明，体育锻炼对提高身体素质、养成良好习惯以及减小心理压力都十分有益。因此，在认识到我国青少年身心健康出现严重问题的同时，国家提出"高校大学生课余体育锻炼方案"战略措施，希望对增强青少年体质和心智有所帮助。

高校是青少年接受学校教育的最后时期，也是他们世界观、人生观、价值观形成的关键时期。在这样重要的时期，帮助学生树立参与体育锻炼和终身体育的理念，形成良好的运动习惯，学习并掌握一些运动技能，这些对青少年将来步入社会参加工作承受社会家庭压力来说都会发挥一定的积极作用。

现阶段我国的"高校大学生课余体育锻炼方案"处于初始阶段，很多高校并没有将其落到实处，这就需要构建长效机制来确保"高校大学生课余体育锻炼方案"的长期稳定进行，真正发挥提高学生身心素质的作用。

2.2 构建高校大学生课余体育锻炼长效机制的时代背景

我国青少年总数约占我国人口总数的25%，青少年的健康成长与民族的兴旺和国家的发展密切相关。相关调查研究表明，我国大学生的饮食营养情况有了明显提高，身高和体重等指标也在持续增长，营养不良的比例逐渐减少，但是在身体素质和肺活量水平等方面仍不乐观。目前大学生的身体素质状况已然成为社会性的问题，成为大家关注的焦点，"高校大学生课余体育锻炼方案"在此时应运而生。可以说，"高校大学生课余体育锻炼方案"是一项当前十分有效地提升学生体质状况的战略措施，它为学生创造了全面健身的良好环境，引领学生从室内走向室外，在阳光下享受大自然的同时进行体育锻炼，这对提升其身体健康水平非常有效。

教育是影响人类进步的关键性因素，不但要面向社会还要面向未来，为世界培养社会发展所需的优秀人才。由于时代给教育披上了新的外衣，体育教育也同时被赋予了全新的价值和意义，成为高校教育举足轻重的一部分。新时期的高校体育改革需要从单一化向多元化过渡。"高校大学生课余体育锻炼方案"正符合这一要求，给高校体育改革带来了新的发展机遇。"高校大学生课余体育锻炼方案"不但能够完整体现当前我国"健康第一"的教育指导思想，而且还能紧抓时代特征，为我国高校体育教育注入新鲜血液，而"高校大学生课余体育锻炼方案"长效机制的构建，也恰恰有利于高校体育的持续、稳定和快速发展。

我国从开启"高校大学生课余体育锻炼方案"开始，各地高校便一致响应，先后开展一系列丰富多彩的体育活动及竞赛，取得了丰硕的成果。然而，由于领导给予重视不够、经费投入不足、监督机制和激励机制不完善等原因，"高校大学生课余体育锻炼"的开展受到阻碍，各高校开始忽视"高校大学生课余体育锻炼"的重要意义。我国高校的课程设置安排以及教材、教学内容等都严重缺乏体育元素，进行课外活动的比例与高校大学生课余体育锻炼方案要求不符，学生缺少户外参与体育锻炼的时间和条件。因此，高校大学生课余体育锻炼方案长效机制便随之建立，通过监督、反馈、评价、宣传、激励、调控等一系列保障措施使其开展得更加顺利。

2.3 构建高校大学生课余体育锻炼长效机制的现实意义

从科学发展观角度来讲，青少年是国家新一代接班人，肩负着建设祖国的重任，他们的体质状况关系到国家的富强和发展。"高校大学生课余体育锻炼方案"是新时代人才培养战略之一，能够有效提高青少年的身心素质。从人性化的角度来讲"高校大学生课余体育锻炼方案"能够充分体现"以人为本"的教育要求，是促进社会和谐发展的重要手段。从教育角度来讲"高校大学生课余体育锻炼"是打破传统教育理念和教育方法的全新方式，对于全面促进素质教育的发展起着举足轻重的作用。由此可见，"高校大学生课余体育锻炼"具有十分重要的功能和作用，而"高校大学生课余体育锻炼"的长效机制是保障"高校大学生课余体育锻炼"长期稳定发展的基本条件，具有重要的现实意义。

第三节 北京市普通高校大学生课余体育锻炼组织方案构建

3.1 开设体育理论课,加强体育理论知识的学习

大学生是具有较高文化层次和知识素养的群体,他们对体育的需求,不仅是狭义的体育,而且是增添了文化内涵的广义上的体育。大学体育教育,也不单是操场上的体育锻炼,而应该是充满了知识性的体育文化教育。大学生体育理论课的主要内容应包括科学锻炼常识、体育保健、运动生理学常识、体育运动技术战术基础理论等。高校应充分关注大学生对体育文化的需求,通过讲座、报告、座谈等各种形式,加强对大学生开展体育理论教育。

其中,特别要注重向大学生讲授体育锻炼的基本知识。锻炼要讲究一定的科学方法,不科学的锻炼反而会损害身体健康。大学生参与课余体育活动要讲究科学锻炼才能取得良好的效果。其内容主要应介绍运动项目的选择、准备活动的做法、运动量的控制、运动时间和地点的选择、运动损伤的预防、运动损伤的处理、运动中的补水、运动后的营养补充等体育锻炼中应该注意的基本知识。

另外,运动竞赛观赏方面的知识也非常重要。俗话说:"外行看热闹,内行看门道。"运动竞赛的观赏也是一门学问。要想更好地欣赏体育比赛就要掌握一定的体育观赛知识,包括比赛规则、比赛项目的起源与发展、基本技术、战术理论等。学生掌握了这些基本知识后便可以更好地看出比赛中的"门道",从而培养体育欣赏水平和体育兴趣,也可以促进学生亲自投身到体育活动中去。因此,应把运动竞赛观赏作为体育教学不可缺少的内容。

3.2 加快高校校园体育文化建设,大力营造体育文化氛围,改革高校课余体育比赛体制

营造良好的体育运动氛围是大学生参与体育运动的"催化剂"。校园体育

高校大学生课余体育锻炼组织、运行、督导方案的可行性探究

文化是文化的一个细化的分支，是整个文化系统的一个组成部分，是在空间上主要集中在校园范围内的与体育有关的一切文化现象。根据曹世潮先生的观点，我们可以将校园体育文化理解为：在校园范围内，与体育有关的一切普遍自觉的观念和方式。

北京市各高校应该加快体育文化的建设，大力营造校园体育文化的氛围，促进大学生在良好的体育文化氛围的影响下，积极主动地参与体育活动。研究结果表明，因为缺乏体育运动的氛围而没有参加运动学生的比率达到17.1%，因此，高校营造良好的体育运动氛围对于大学生参与体育运动和校园文化建设都具有积极的促进作用。

建立起符合本校特点和传统校园体育文化项目也是非常重要的内容。高校要为大学生开展多种形式、各种级别的体育比赛，吸引更多学生参与到课余体育活动中来，营造人人参与体育的良好氛围。根据女生课余时间参加体育活动不够积极的情况，可以针对女大学生的生理和心理特点，多开展一些竞技性弱、趣味性强、技术简单的项目，如羽毛球、气排球、体育舞蹈等项目。

同时，还要不断改革并完善课余体育竞赛体制。

首先，应尽可能增加高校运动竞赛的参赛人数，提高学生参与的兴趣。高校应该在现有条件的基础上，尽可能使更多的学生有机会参与到运动竞赛中。而高校现有的竞赛规则，无论是场地规格、还是技术要求，基本上都是服务于具有专业水准的竞技比赛。而竞技规则较高的要求则限制了大部分学生参与的积极性。因此，高校运动竞赛要具有健身性与趣味性，并适当增加集体项目，激发学生对体育活动持久的兴趣，从而提高学生参与学校运动竞赛的积极性，使少数人的比赛变成大多数人的比赛。

其次，高校运动竞赛还应与所在的地区和学校特色等相融合。只有将校园的文化融入高校运动竞赛中，形成其独特的体育文化，高校运动竞赛才具有生命力。北京市各高校可以把北京市各少数民族传统体育项目引入学校课余体育活动和竞赛中来，使课余体育更具有地方民族特色。这样，师生们能够在运动竞赛中尽情地表现，陶醉在浓郁的体育文化之中，充分享受体育运动带来的快乐，使高校的运动竞赛不再是少数人的体验，而成为全校师生共同的体育盛会。

3.3 开设课余单项体育俱乐部

吴秋林等（2003）对高校体育俱乐部进行了界定，他们认为：高校体育俱乐部是高校中的一种体育文化现象，是具有共同体育锻炼兴趣爱好的大学生，基于自我完善的需要，通过自由选择体育活动项目而结成的具有社团性质的体育团体，是学校体育活动的一种组织形式。

课余体育俱乐部以"终身体育"为指导思想，是把有共同体育爱好的学生组织起来，集中进行学习和锻炼，并由专业人员进行指导的课余体育形式，它已逐渐成为高校课余体育的发展趋势。

课余体育俱乐部不同于体育俱乐部体质体育教学，是完全课余性质的。它是以学生为主体，根据学校场馆的设施、器材条件，以及学校的自身特点，学生根据自己的爱好特长和能力自由选择项目、自由选择难度级别、自由选择时间的非强制性参与并交纳一定费用的学生课余体育社团组织。课余体育俱乐部能够最大限度地满足了学生对体育活动的需要，培养学生对体育的浓厚兴趣，激励学生积极主动地参与体育活动、学习运动技术、提高运动能力，强化学生终身参与体育锻炼的意识和行为，满足他们个性发展的需要。

3.4 改善学校体育设施条件，营造良好锻炼环境

学校体育设施是学校开展课余体育活动的基础条件。调查表明，影响大学生参加体育锻炼的首要因素是体育设施不足。在本调查中，93.8%的被访者认为，缺乏场地和器材直接影响他们参与课余体育锻炼的兴趣。而对体育的趣味多半来自锻炼者对体育器材的操作，单调乏味地奔跑和重复动作是难以吸引人们兴趣的。各级领导应重视并努力改善学校体育的设施条件，不断提高学校体育场地与器材的数量和质量。特别是应该兴建更多的室外篮球场、排球场和羽毛球场，以保证学生课余体育活动的物质条件。

3.5 注重培养学生体育意识

本研究的调查结果表明，超过一半的被访者课余参与体育锻炼的积极仍然

不高，其原因主要是：很多人锻炼的还未养成体育锻炼的习惯，我国体育人口的比例偏低。大学生的体育意识、尤其是参与意识也比较薄弱。学生体育意识的形成与发展，受多种因素的影响，其中学校体育教育是重要的因素之一。体育意识属于体育教学的深层层面，高校体育应利用其有利的环境和条件并通过各种手段培养学生的体育意识。培养体育意识主要包括体育理论知识和运动技能的教育，体育兴趣与体育价值观教育，为他们养成终身参与体育锻炼的习惯奠定思想和能力基础，同时还要开展丰富多彩的课余体育活动。

3.6 注重培养学生的体育能力

所谓体育能力，就是指体育理论能力、身体运动能力、自我指导锻炼能力和自我评价能力、体育组织裁判能力，以及相应的心理能力等。体育能力是由体育知识、体育技术和技能构成的一种综合能力。培养体育能力的重要途径是体育实践。体育教学活动是培养大学生体育能力的基本途径。在传统的学校体育中，只注重对学生运动技能的培养，而对学生体育理论能力、自我锻炼能力和自我评价能力都还没有引起足够的重视。而这三种能力恰恰是学生实现"终身体育"的重要因素。本次调查中发现，有部分大学生因缺乏自我锻炼能力或因缺乏运动技术而不能经常参加体育活动。因此，高校课余体育锻炼方案应着重加强通过各种各样的方法和途径培养学生的体育能力，要使学生能做到"学以致用"。

第五章　北京市普通高校大学生课余体育锻炼运行方案

　　校园体育文化是指以人为主体，在实施教学和科研实践过程中，人们所创造出的体育精神财富和物质财富的总和，是以课外体育文化活动为主题，以校园为主要发展空间，以校园精神为主要特征的一种群体文化。我国著名哲学家张岱年先生认为：文化是既作为人类在人本身的自然及外部自然的基础上，在社会活动中创造并保存的内容之总和而存在，又作为一种活生生的创造活动而演化。

　　高校体育文化的作用主要是指体育文化对高校大学生和教职工的社会生活、体育生活及个体发展的影响，是体育文化的本质展现。校园体育文化对培养学生的身心健康，加强学校与社会的交往，提高学生的审美意识，促进学校教育改革的深入发展都具有一定作用。丰富多彩的校园体育文化活动是挖掘学生潜能、开发学生智力、提高学生能力发展的广阔天地，也是最受学生欢迎的一种群体文化。校园体育文化生活是学生们精神文化的大舞台。开展校园体育文化活动，就能营造出教育的氛围，增添学校的活力，加强学生的动力，使校园生活变得多姿多彩，能有效地提高了人们的生活质量。

　　体育文化是校园文化的重要组成部分。体育文化的建设，不仅是为了满足强身健体的需要，也能促进师生身心的和谐发展，而且对于学校良好校风的形成也有积极的作用。首先，加强体育文化的宣传力度，可以营造出学校体育文化建设的环境。要充分利用校报、校电视台、校园网和广播电台等多种校园媒体来进行多渠道的覆盖和多种形式的宣传，使大家都能够了解体育、参与体育、享受体育，同时培养学生对体育的兴趣和爱好，并以此来提高学生参与体育运动的频率。其次，推广体育文化，其先决条件在于学生对体育知识的了解程度,而体育知识竞赛和讲座都是丰富学生对体育知识了解的重要手段。体育知识竞赛不单纯是考验学生的记忆能力,学生在准备比赛的过程中也会接触到更多的体育知识。而建设有特色的校园体育文化,不是简单开放了几个体育运动场地的问题,而是更需要我们在体育文化的内涵上下工夫。因此,在建设校园体育文化的过程中,学校应根据自身情况,量身定做一套具有特色的校园体育文化❶。

校园体育文化的建设是高校体育发展的重要组成部分,它极大地推动了高校课外体育俱乐部健康蓬勃的发展。高校课外体育俱乐部是高校体育教学的延伸,可以促进高校群众性体育活动的开展。丰富大学生的业余文化生活促进了校园的精神文明建设,能使学校更好地贯彻"以人为本、健康第一"的新理念。

第一节 北京市普通高校大学生课余体育锻炼运行方案要素构成

俱乐部(Club)一词源于欧美,也称总会,为社会团体公共娱乐场所的总称。上海辞书出版社出版的《辞海》对"俱乐部"一词的解释为:机关、团体、学校中文化娱乐场所的统称。在我国,一般将各种文化娱乐、体育活动场所也称为俱乐部。我国学者给学校体育俱乐部的定义为:体育俱乐部是以体育练习者的自觉结合为基础,以学校的运动场馆为依托,围绕着某一运动项目,以俱乐部的组织形式将体育教学、课外体育、运动训练、群体竞赛等融为一体的体育课堂教学模式。它是高校体育教学模式中的一种,其目的是为增强体质,提升体育文化素养,增进友谊,最终形成终身参与体育锻炼的习惯和健康、科学、文明的生活方式。

北京市普通高校大学生的课余体育锻炼运行方案的实施,需要以下三个要素的保障。

---

❶ 潘跃华,李岩松. 高校体育对大学生心理健康的影响与作用[J]. 教育探索,2008(7):126-127.

（一）高校体育俱乐部的师资

教师在体育俱乐部中的作用与一般体育教学不同，其侧重于专项的系统学习和提高。目前，大学生体育俱乐部师资的年龄主要在 25~40 岁之间。男教师多于女教师。而师资力量配置不合理、师资队伍学历偏低是当前存在的一个突出问题，同时教师的专业结构也不能适应目前体育教学改革与发展的需要。尤其是网球、轮滑、体育舞蹈等一些近几年才新兴起来的项目，而这些项目的专业体育教师还很少。因此，师资水平是影响体育俱乐部发展的重要因素之一[1]。

（二）高校体育俱乐部的管理

大学生体育俱乐部的管理由两方面内容组成，即管理形式和经费管理。大学生体育俱乐部主要由校主管领导、二级院系、体育部或教务处及各专项体育俱乐部门管理，被称为"三级管理模式"。大学生体育俱乐部的内部管理有三种类型：教练员（教师）、学生处和学生骨干管理。由于大学生体育俱乐部经费主要来源于学生自筹和各方面的赞助，因此目前在经费使用制度、收费标准、经费使用情况等方面都存在着一些严重问题。

（三）高校体育俱乐部的设施

体育设施是大学生体育俱乐部开展活动的依托，假如没有场地器材，那么一切活动都将无法开展。从目前情况来看，体育俱乐部的体育设施相当简陋，因此制约着体育项目的开设，也大大削减了大学生参与体育俱乐部活动的兴趣，从根本上制约着大学生体育俱乐部的发展。

---

[1] 魏源. 浙江省高校体育特色项目建设实践与探讨[J]. 吉林省教育学院学报（上旬），2015(3)：89-90.

第二节　北京市普通高校大学生课余体育锻炼运行方案可行性分析

2001年，教育部正式将过去高校一直使用的"体育课"更名为"体育与健康课"。这次课程更名折射出体育课程教育改革的新思路，即体育课程教育必须将健康教育作为体育教育的目标，体育教学必须以人为本，重在培养学生的体育能力和体育兴趣。2002年，国家教育部颁布《全国普通高等学校体育课程教学指导纲要》（以下简称《纲要》），吹响了我国高校体育课程改革的号角。《纲要》中并没有提出高校体育俱乐部的具体概念，但指出："根据学校教育的总体要求和体育课程的自身规律，应面向全体学生开设多种类型的体育课程，可以打破原有的系制、班级制，重新组合上课，以满足不同层次、不同水平、不同兴趣学生的需要。在教师的指导下，学生应具有自主选择课程内容、自主选择任课教师、自主选择上课时间的自由度。"在"三自主"的条件下，为了满足学生对体育兴趣的需要，促使高校体育教育的不断改进，教学型体育俱乐部就慢慢形成了。然而，因对学校体育俱乐部的认识不同，在操作中出现了多种形式的体育俱乐部。

课内俱乐部。课内体育俱乐部以体育课堂为依托，以充分体现人本主义教育为理念，以构建现代大学体育新的学习方式为目标的体育课教学模式，是一种满足"三自主"需求的教学模式。这种课内俱乐部是学校体育工作的重要环节，是学生的必修课程。

课外俱乐部。课外体育俱乐部是一种不占用同学们的正常上课时间，在每天自由活动的情况下，自愿参与的俱乐部形式。课外俱乐部一般由团委和学生社团组织管理，开设各种健身项目，如篮球、排球、足球、武术、跆拳道、健美操、体育舞蹈等。同学们在课外体育俱乐部可以巩固和提高体育课所学的内容以从，同时也满足了学生对体育运动的兴趣需要。

课内外相结合的俱乐部。课内外相结合的俱乐部以辅助课内体育教学、增强学生体质、增进学生健康、丰富学生课余体育生活、培养学生体育兴趣及体育意识、养成终身体育习惯为目标。一般将课内俱乐部延伸至课外，以确保课外俱乐部运作的规范,将课外部分变为课内的一部分,通过成绩、学分等形式控制俱乐部成员。

结合高校体育俱乐部自身的性质、宗旨、运作机制及教学目标,使得它能够为北京市普通高校大学生课余体育锻炼运行方案的顺利施行提供切实可行的保障。北京市普通高校大学生的课余体育锻炼的运行采取高校体育俱乐部形式是十分可行的,表现在以下四个方面❶。

(一) 俱乐部的性质

为响应国家全民健身计划、亿万学生阳光体育运动的号召和满足高校广大高年级学生对提高自身身体素质的需要,为促进广大大学生高年级学生积极参与体育锻炼,促进健康,增强体质而形成的俱乐部,具有非营利性和非完全独立性,与所属高校没有任何经济关系。

(二) 俱乐部的宗旨

俱乐部为广大体育爱好者提供一个相互认识、互相学习和共同提高的活动环境,以俱乐部为纽带,使大家充分享受到运动项目所带来的乐趣,如在运动中促进健康,提高运动技能和扩大社交圈等,形成积极、向上、健康的精神面貌和健康的生活方式。俱乐部的口号是:"我运动,我健康;健康快乐,幸福生活。"

(三) 俱乐部的运作机制

根据目前高校学生体育基础的实际情况开展项目教学,不仅要兼顾学生的课外体育锻炼,还要对高校组建各个体育项目代表队提供有利的后备支持。高校体育俱乐部一般情况是下设在本校大学体育部领导下的二级机构,并负责本项目俱乐部的课上教学、课外指导和训练等。各个不同体育项目的俱乐部可将学生分为低、中、高三个等级进行分层教学,以便照顾各个不同层次学生的学习和锻炼的积极性。学生参加课外体育锻炼和比赛时,也是根据学生的不同水平按照低、中、高三个等级来组织的。

---

❶ 刘旦,金玉,潘绍伟.中美高校课余体育目标设置比较研究[J].体育科技文献通报,2015(2):59-60,120.

高校体育俱乐部现在采用的最广泛的运作方式是体育俱乐部自筹活动经费，学校在使用场地、器材等方面给予大力支持。大部分高校俱乐部的基本费用采用学生参与管理的方式，是以学生会员交纳的会费为主，以俱乐部代表学校参加某些比赛时学校补贴为辅。

所谓体育俱乐部"三位一体"模式是以各单项俱乐部为基本管理单位，各个单项俱乐部都有其专项体育教师任指导教师。学生通过体育俱乐部"三位一体"模式的教学实践，能够锻炼和提升他们的组织和管理能力。俱乐部的管理以学生为主，由学生组成俱乐部主席及委员会成员，教师而起着辅助作用。俱乐部委员会的组成及其职责如图5-1所示。

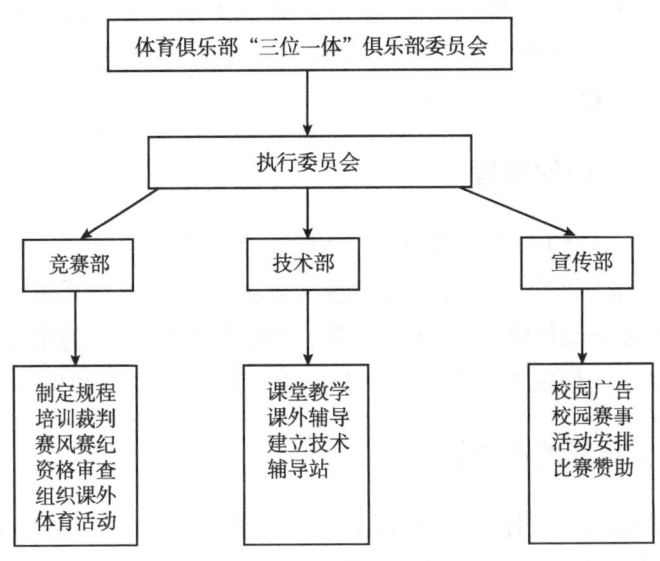

图5-1 体育俱乐部"三位一体"模式管理结构图

（四）俱乐部型体育教学模式的教学目标

1. 培养学生的终身体育意识和终身体育能力

学校体育的目标与体育教学的目标是有区别的。学校体育是以增强体质为目标，而体育教学的目标是传授体育知识技能，为终身体育打基础，发展创造能力，完善人格与个性。学生的体质与许多问题有关，体育课在其中的贡献是很有限的。王策三教授在《教学论稿》中说：体育课的根本职能，就是对学生保护身体健康和科学锻炼身体提供理论知识和方法指导。这种指导将影响学生一生的身体健康发展。因此，俱乐部型体育教学的直接目标不是去增强学生体质，而是开发学生的兴趣，培养学生锻炼身体和体育娱乐的能力和习惯，发展创造力。

2. 完善学生的个性品质

个性是指一个人在社会实践中形成的、带有一定倾向的、稳定的心理特征的总和。培养学生良好的个性是俱乐部型体育教学模式的另一个重要目标。高校的俱乐部型体育教学力求让学生擅长某一项目、某一技术，以此来表现自己，得到一种快乐的情感体验，这种快乐的心理体验包括：兴趣体验的快乐、身体健康体验的快乐、成功体验的快乐、得到尊重和信赖体验的快乐。同时在俱乐部型体育教学中，多角度、多渠道的人际交往占有重要地位。通过师生之间，特别是学生之间的相互交往和相互影响，加深了学生间的情感交流，培养了学生的社会性和独立性。由此可以看出，俱乐部型体育教学模式有利于培养学生乐观、果断、坚强、勇敢、进取、自信、自制等良好的个性品质。

第三节 北京市普通高校大学生课余体育锻炼运行方案设计

我国高校课外体育俱乐部的建立还处于一个初期完善的阶段。因为高校体育俱乐部的教学有着较强的实效性和可操控性，所以学生应有较多的时间来进行体育活动，应引进一些高水平的教师队伍，可使学校有多元化的状态，开创新的体育教学和锻炼方式，使学生既能学习体育知识和体育技能，又能丰富了他们的课余生活，给学生提供一个广阔的体育活动空间，营造良好的体育活动氛围。

为了切实可行地帮助大学生能够达到长期锻炼身体、增强健康的目的，要制定完善的体育俱乐部管理制度，配备专门的体育教师来进行管理和操作，使其形成科学的体系，长期存在并不断发展。从大学生的实际心理需求出发，建立多种项目的体育俱乐部，利用校园网络向师生介绍各单项俱乐部的情况与资料，并安排活动时间，让学生亲自参与、学习和交流。还可以采用讲座的形式

高校大学生课余体育锻炼组织、运行、督导方案的可行性探究

来加强大学生的体育理论知识,向学生传授自我身体评估的方法,以及如何根据自身条件去选择锻炼项目,制订自己的健身计划。要让学生始终树立终生强身健体的意识,并且具备一定的健身文化素养,应加强人文素质的教育,建立新型的良好的师生关系。多组织学生观看一些国内外高水平的竞技比赛,提升其体育文化品位,把学生参加体育俱乐部的评价纳入体育成绩。具体运行方案的设计主要应包括以下七个方面。

(一) 俱乐部的机构设置[1]

俱乐部管理应以学生为主,教师为辅。各类体育运动项目的专业教师担任俱乐部指导教师,学生担任俱乐部主席及委员会成员。

俱乐部设负责人一名,全面负责俱乐部的各项事务和管理工作,包括管理方向和经营理念、俱乐部机构的设置、管理章程的制定和工作会议的召开与决议。秘书处协助负责人处理各项俱乐部事务,执行俱乐部管理条例和考勤,并定期向负责人汇报。组织部要分担俱乐部负责人的部分工作(如活动安排、场地租赁、版面管理等)。财务、会计各一名,分别负责会费的收取和支出,保障俱乐部资金的正常运转和相关账目的制作与公示,向负责人提出合理的经费使用计划。心理辅导处对入会学生的心理课程和健康教育课程进行辅导和开展,并及时对学生遇到的心理问题进行疏导。体能检测处应完成包括建立学生健康档案、运动能力和心肺功能的测试,根据学生体质现状推荐适合的运动方式和运动项目,定期对学生进行体检。纪检部监督会员出勤、考核及财务的支出和各个管理者的职责、奖惩制度的执行情况等。俱乐部机构设置见图5-2。

---

[1] 乔佳. 河北省理工科大学生课余体育锻炼状况研究[D]. 河北师范大学,2010.

第五章 北京市普通高校大学生课余体育锻炼运行方案

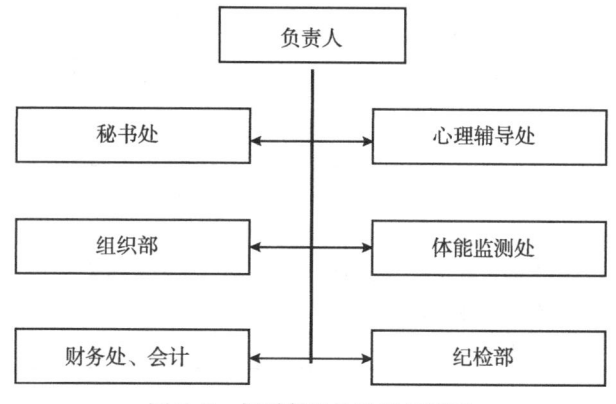

图 5-2 俱乐部机构设置示意图

在学校组织管理上，首先，要完善以主管体育的校领导牵头，教研室主任、各俱乐部主任、各俱乐部教练共同参与的体育俱乐部组织机构。各体育俱乐部的管理人员要经常向学校领导汇报本俱乐部的发展情况，让领导了解学校体育俱乐部的发展形势，获取校领导对体育俱乐部工作的重视和支持[1]。同时，要在体育教学部的指导下，让学生参与俱乐部的管理工作。其次，高校应按体育教学类俱乐部、课外体育活动类俱乐部、课余训练类俱乐部和综合类体育俱乐部等模式健全体育俱乐部组织。必须尊重和维护各体育俱乐部的自主权限，给学生创造宽松、愉快的健身气氛和环境。要采用课内外相结合的管理方式，课内主要由体育教研部负责教学管理，课外由学生负责组织各单项体育活动和课余体育竞赛。高校课余运动队训练与参加各级比赛是体育工作的一个重要方面，应纳入单项体育俱乐部中。教练员由教师担任，队员从俱乐部成员中挑选出来参加训练和比赛。

（二）俱乐部的运行机制管理

俱乐部采用会员制，面向广大在校的高年级学生，秉着自愿加入的原则入会，入会的程序及条件见表 5-1。会员可自愿申请退出俱乐部，三次无故不参加俱乐部的活动者视为自动退出。对损害俱乐部利益、荣誉的人和以俱乐部的

---

[1] 马连鹏. 普通高校体育教育教学改革与大学生体育生活方式培养研究[J]. 四川体育科学,2005(2):122-125.

名义从事个人谋利活动的会员则被劝退。建立会员档案,包括会员基本信息、心肺功能测试结果、运动能力测试结果、心理健康测量、适应能力测试等。

表5-1 会员入会条件

条 款
①身体健康,喜爱运动,且能够长期坚持参加本俱乐部活动
②愿意且遵守本俱乐部的规章制度,要有团队意识和高度的集体荣誉感
③需要交纳一定的会费用于课程设置和会员活动支出(入会费20元。之后不定期根据活动需要交纳相应的费用)

1. 招招募会员

普通高等学校大学生体育俱乐部的会员招募以高年级(大三、大四)喜爱体育运动的男生为主要招募对象,部分体育活动如排球、羽毛球等适合女生的运动项目也可以招募女生会员。体育俱乐部的会员招募由学院体育部、学生处、团委向广大高年级学生进行宣传,使高年级同学了解成立该俱乐部的目的和意义,并踊跃报名入会。

2. 活动组织

俱乐部将会定期举办运动技术和技能培训,以提高会员的身体素质和运动水平。体育俱乐部的会员可以遵照"自主选项、自主择师、自主选择上课时间"的原则,根据自身的条件与兴趣爱好自由选择项目上课。教师以学生的具体情况出发,每周集中进行辅导。辅导的内容有该项目知识、技术、素质三个方面,旨在全面、有效地提高学生的身体素质和各专项的体育运动技术及"战术"水平。

3. 分级教学

体育俱乐部根据学生的运动技能水平及身体素质等其他综合指标,将学生分为低、中、高三个等级进行分级教学。在教学活动中,贯彻以"建构主义"学习观下的"双主"教学思想。体育教育专业的实践课程采用运动教育模式的教学活动,应该以培养新时代复合型的体育人才为终极目标,要求教师在实施运动教育模式的过程中要突破传统的以技能学习为主要目标的传统教学思想,应以建构主义学习理论为指导,充分重视学生的主动性,下放学习主动权,主动为学生建构良好的学习环境。

第五章　北京市普通高校大学生课余体育锻炼运行方案

教师课在课堂上讲授外参加体育锻炼外，还要组织学生成立不同水平的篮球队、足球队等各种体育运动队，这样可以增强学生们参与的积极性。校级、院级体育训练队的建设也是体育特色项目建设的重要路径之一。在建设各类体育运动训练队的过程中，通过班级、系级、院级和校级的层层选拔，挑选出院、校两级训练队。不断提高体育项目的技术水平，争取在各级各类比赛中取出良好的成绩，以赛促学、以赛促教、以赛促训。训练队应坚持每周4次训练，每次3小时，同时为运动员配备专门的教练和训练场地，并发放一定的训练补贴。加强对运动队的管理，做到训练的规律化、长期化和制度化。这些措施既有利于提高队员的战术水平，也有利于学校整体技战术水平的提高，同时也促进了学校特色体育项目建设。

4. 以竞赛为主线的课程设置

高等学校体育俱乐部的模式是体育锻炼运行方案的教学实施过程主要以比赛为主线，合理安排教学内容和组织形式，整个教学过程可分为三个阶段：建立运动教育模式课堂常规阶段、运动赛季阶段、庆祝活动阶段。（1）在建立运动教育模式课堂常规阶段，主要是根据学生的水平合理划分学习小组，合理进行角色分配，使学生熟悉运动教育模式的教学要求和学习方法，营造良好的学习氛围，为运动季的比赛阶段打好基础。（2）运动季赛阶段的特征是该模式最重要的部分，合理进行运动季的划分对整个课程的实施起到了十分重要的作用。可以根据项目特点划分为不同的运动季，如田径季、足球季等，同时各个项目的运动季还可划分为不同的子运动季，如田径季可划分为短跑季、跳远季、跳高季、跨栏季等，每个子季又划分为练习季、季前赛、正式比赛和总决赛四个阶段。运动季赛各阶段的时间长短必须根据运动项目的不同和学生掌握情况合理安排。如田径项目中的跨栏季，由于技术相对复杂，因此练习期的时间可相应增加，而球类项目的比赛时间也可以相应增加。同时也必须根据教学项目的特点和体育教育专业的培养目标，合理设置比赛形式。如足球、篮球等集体项目可以将半场或全场的完整技战术比赛作为比赛形式。而田径类单人项目的比赛则可以既有以完整技术环节的以技术评定作为比赛形式，也可以某技术环节作为比赛内容，同时还可以增加在小组合作教学中互相指导和练习能力突出的个人比赛奖,以提高学生的基本功❶。(3)庆祝活动阶段则标志着运动季的结束,此阶段是对整个学习效果的总结和评价。通过颁奖、优秀学生技术展示等活动进行课程学习的再次升华,使业余体育锻炼的学习圆满结束。

体育竞赛是学校体育工作的重要组成部分,也是开展高校体育特色建设的重要环节之一。一方面,可以检验特色运动项目水平,起到互相交流、共同提高、增进友谊的作用;另一方面,有利于培养大学生良好的竞争意识和开拓创新精神,激发大学生的责任感和集体荣誉感,体现特色运动项目的文化功能。我们参照相关学校的做法、结合自身特点打造"金字塔"结构的体育赛事,形成了年级、院级、校级三级体育竞赛机制,即以班级为单位的年级体育竞赛、以年级为单位的学院体育竞赛,和以学院为单位的学校体育竞赛。并且积极参加市、省教育厅组织的各类体育赛事。这种分层竞赛制可以满足不同运动水平群体学生的需要,既能为同学提供展示自我、发展自我的舞台,也能充分调动广大同学参与体育锻炼的积极性。相对低水平的学生可代表班级参与相关体育运动比赛,相对中等水平的学生可代表系级参与相关体育运动比赛,相对高水平的学生可代表学院相关体育运动比赛。

5. 灵活的教法体系

高等学校大学生体育俱乐部主要采用教师指导、小组合作与伙伴学习三种方式进行。这三种教学方法在教学中综合应用,根据运动季的不同时期,侧重点有所不同。在练习期主要是采用教师直接指导的教学方法,原因是基本技术技能学习的开始阶段必须依靠教师的直接传授。直接指导虽然不利于学生的自主学习,但对于学生完成技术技能的学习目标能够产生很好的教学效果。而学生也并不是被动接受,也需要在小组范围内开展合作学习和伙伴学习,提高与教学相关的观察、评价与指导等能力。在其他运动季期,教师指导得较少,主要发挥学生的自主学习和集体的力量,根据任务,学生担任不同角色,共同学习,与他人合力完成任务。但在学生技战术掌握不理想的情况下,教师应及时对教学进行干预,采用直接指导来纠正学生的错误,保证教学效果。

此外,教师还必须在课内和课外提供足够的学习支撑。如提供多媒体学习

---

❶ 马连鹏.普通高校体育教育教学改革与大学生体育生活方式培养研究[J].四川体育科学,2005(2):122-125.

资料等，以利于学生在学习过程中能够获得充分的学习信息，加深对技术的理解和掌握。由于小组竞赛的刺激，学生在课后也有可能进行自主练习，所以教师也应当给学生提供帮助和指导，提供如多媒体视频、图片、课件等有利于学生学习的资料。

6. 定期组织活动

俱乐部每周安排3~4次活动，由本院专业体育教师进行指导，并培训自己的教学骨干。会员可以向俱乐部提出活动申请和建议，由俱乐部统一安排。俱乐部的活动通知将提前在公告栏公布。在具备一定的规模和经济水平后，可以俱乐部的名义参加有关比赛。另外，还可以不定期举办其他联谊活动。

（三）俱乐部组织实施

针对高校体育俱乐部发展的现状特点，应明确俱乐部性质，并为其提供组织保障，促进体育俱乐部向良性方向发展。大学生体育俱乐部的组织实施要与体育课程和阳光体育运动相结合，使其真正成为促进学生健康、培养学生体育意识和兴趣、为终身体育奠定基础的学校体育机构。

一是建立网上选课机制。实行网上选课有利于俱乐部推行会员制，俱乐部面向全体学生全天开放。他们既是学生又是俱乐部的会员，入会事宜等都由他们自主选择。学生可以自主选择课程、上课类型、上课教师和上课时间。改变学生按年级选项授课制度，可以实行跨年级授课。

二是分层教学。体育俱乐部内开展活动应分为初级、中级、高级不同教学层次。应打破年级界限，依据学生的身体素质条件和个人兴趣自由选择俱乐部运动项目。其中各层次、各级别的教学目标、要求、内容、进度、质量都有相应、规定。

三是实行学分制。俱乐部教学计划应面向全校学生全年开放，真正实行学分制。学生在校期间可根据自己的学习计划自主安排上课时间。学生选择自己感兴趣的体育项目，但假如经过一段时间学习后，发现教学内容或教学方法不适合自己，仍可重新选择其他项目。

四是完善考核制度。要完善俱乐部考核管理办法，建立师生持卡上课制度。参加考试、测试等都必须按照体育俱乐部考核管理办法。俱乐部考核标准应当具有层次性,使考核结果既能反映学生运动与健康的总体水平,又能反映学生的进步程度,成为激励学生进一步提高的动力。对于在俱乐部活动中成绩突出的学生,俱乐部可以根据实际条件给予物质或精神上的奖励。

(四) 俱乐部规章制度的制定

俱乐部的规章制度要有利于大学生体育俱乐部的发展和完善,要明确参与者的职责,规范参与者的行为,以保证俱乐部活动的计划性和制度化。为了促进高校体育俱乐部的有序发展,高校应把体育俱乐部的建立、发展和管理作为培养学生综合素质的重要手段。

(五) 俱乐部经费的主要来源与使用监督

俱乐部的经费主要是由本俱乐部会员所交纳的会费,并鼓励、欢迎会员通过各种合法途径提供赞助。所有经费必须用于与俱乐部发展相关的事务,如购买训练用球、聘请教练、观看比赛等,不得在会员中进行分配。经费由俱乐部会计和出纳负责掌管,负责人监督其使用。财务人员应保证账目的合法、真实、准确、完整和公开。为解决资金缺乏的问题,一方面要积极争取学校增加对体育的投入;另一方面要加强经费管理,建立年度财务汇报制度,增加透明度,让全体会员来监督俱乐部的财务管理。体育俱乐部经费少会影响俱乐部的可持续发展,只有广开渠道吸引外来资金,通过赞助资金,改善高校学生俱乐部的条件,组织各种校内、校外赛事和交流,才能使学生俱乐部得到更好的发展。加大体育俱乐部的经费投入,改善俱乐部场地设施,可以促进学生参与体育俱乐部活动,提高运动成效。

(六) 俱乐部的体育设施和师资建设

体育活动场地设施问题一直是影响学校开展体育教学和课外体育活动的重要因素。体育工作者应向学校有关部门积极呼吁,积极修理、改建和扩建体育场地设施。要加强对现有体育场地和设施的管理,提高它们的使用效率,并加强管理和调配工作。部分体育课程可以通过租用或借用社会上的体育场馆及设施,以解决学校体育场馆及设施不足的问题。开设体育俱乐部课程对教师的专项水平和组织教法提出了更高的要求,学校主管部门要有计划地组织教师继续学习和深造,使体育教师的知识结构更趋合理❶。

(七) 俱乐问的服务社会与技术指导

高校是传播先进文化的重要阵地,承担着向社会传播先进理念与知识信息的重要使命。体育作为高校教育的重要组成部分,同样也应向社区和行业提供各种技术、场地、资源等服务。北京市高等学校大学生体育俱乐部在抓好体育特色项目建设的同时,还要积极发扬各类特色体育项目的优势,为有需求的单位提供特色体育项目的技术指导、比赛裁判和赛事组织等服务,积极传播先进的体育文化和正确的健身理念,输出优异的运动技术和指导。

---

❶ 常志利. 北京大学生体育生活方式的现状及影响因素研究[D]. 北京体育大学,2006.

第六章　北京市普通高校大学生课余体育锻炼督导方案

　　搞好高校课余体育锻炼及其管理是社会发展的要求。社会的进步和经济的发展，一方面给人们带来了更便利的生活方式和更丰富的物质享受，另一方面也由此引发出许多"文明病"。根据现代医学的分类，多数"文明病"属退行性疾病的范畴，即人体机能退化所致。而从预防医学的角度看，体育又以其特有的功能成为预防"文明病"的最有效手段之一。早在 2400 年前，"医学之父"西波克拉底就指出："阳光、空气、水和运动，是生命和健康的源泉。"说明对人类的健康而言，运动和阳光一样重要。健康是成就事业、成就幸福、成就未来的基础，所以国家大力推进"全民健身计划"正是立足当前、着眼未来、利国利民的伟大壮举。高校是全民健身的重要基地，课余体育锻炼为实现健身计划提供了最大的可能性，课余体育锻炼管理为这种可能变为现实提供了保障。

　　本章将针对北京市普通高校大学生课余体育锻炼的管理、及其合适的督导方案的要素构成和可行性进行分析，并在此基础之上对北京市普通高校大学生课余体育锻炼的可行性、科学性，以及阶段适应性的督导方案进行全方位的设计，使之成为对北京市普通高校大学生课余体育锻炼的督导管理理论及实践的指南。

第一节　北京市普通高校大学生课余体育锻炼督导方案要素构成

大学生是国家宝贵的人才资源，是民族的希望、祖国的未来。作为 21 世纪的大学生，时代的发展对他们也提出了更高的要求，不仅需要丰富的知识、出色的能力和高尚的情操，而且还必须具备健康的体魄和良好的心理素质去参与激烈的社会竞争，迎接新世纪的挑战。课余体育锻炼作为学校体育的重要组成部分，对于培养大学生的体育意识、能力、兴趣、锻炼习惯，提高身体素质，促进身心健康发展，树立终身体育思想，都具有十分重要的作用。大学生如果能在大学阶段形成对体育锻炼积极的态度，养成良好的体育锻炼习惯，对在今后的学习、工作和生活中保持健康的体魄和坚持终身体育锻炼的习惯都有积极的影响。对课余体育锻炼进行督促指导十分必要，下文将对督导方案中的要素进行分析。

（一）根据不同的锻炼对象，选择适当的增强物

特别是对处于前意向阶段、意向阶段和准备阶段的大学生，增强物的运用可能会激发他们参加体育活动的兴趣和动机水平，更有利于向行动阶段发展。行为改变策略最有效的方式是以增强作用为枢纽，配合行为分析为辅导。增强物也会随着时间和空间的不同而产生变化，如颜色鲜艳的带有卡通图案的运动器材对儿童会有较大吸引力，但是成人可能会更加重视运动器材的品牌和质量。所以为了实况这一的目标，学校的相关部门和教师在这方面的选择和操作上可能要付出更多的爱心和努力。女大学生要形成良好的自我认知，克服生理和心理自卑感。体育教师可以增加一些男女生共乐的体育锻炼项目，进一步提高女生坚持体育锻炼的自信心。一年级大学生要尽快适应大学环境培养锻炼身体的自觉性。四年级大学生应克服各种不利因素的干扰，坚持体育锻炼。理科

和医科专业的大学生要明确与体育锻炼的重要性,充分利用课余时间坚持体育锻炼❶。

增强物的选择要注意应该最能体现锻炼者的关注和需求。如拥有一个漂亮的篮球,对一个家庭条件比较困难的同学来说,或许是一项有力的增强物,但是对一个家庭条件较好的同学来说,不一定有吸引力。因此,经费的支持也将成为高等学校大学生课余体育锻炼能否顺利进行的关键所在。北京市普通高校大学生课余体育锻炼督导方案制定的关键要素之一便为经费要素。需要不断地提供资金以加大经费的投入,完善高校大学生课余体育锻炼的场地及器材水平。政府相关部门应根据各个高校所在的具体地区用于课余体育锻炼活动经费的实际情况,做出经费预算报告,并向上级领导部门汇报。除此之外,还应加强与当地企业的联系,请他们给予一定的赞助,以减少经费的压力。普通高校也要重视对课余体育锻炼及对运动场地和器材的投入,提高将上级部门对高校课余体育锻炼活动的拨款全部用于所需之处。

(二) 建立正确的行为导向,提高大学生认知水平

对于处在行动阶段的大学生非常重要。有研究认为,个体感受或预期到某项行为将会带来实质有形或无形的利益,那么这种行为就很有可能再次发生。相反,如果个体在先前的行为经验中感受的是一些障碍,就会对后面的行为产生负面影响。另外,和过去有关的行为也会通过自我效能、行为利益和障碍的认知和运动相关的情绪反应,来影响健康促进行为。Bandura(1986)认为,一个特定行为的实际行动和它的结果反馈反应,是自我效能的主要来源。而相关研究显示,与行为改变过程、认知改变过程、利弊平衡、社会支持,以及兴趣等变量相比,自我效能感在针对体育锻炼的行为干预中会更有效。大学生的生理状况与体育锻炼坚持性存在一定联系。生理状况良好的大学生,其体育锻炼坚持性也相对好;生理状况不好的大学生趋向于回避体育锻炼。事实上,大学生是经过体检合格而进入高校的,大学生的生理状况大多处在正常值。所谓生理状况欠佳的大学生,主要是其对自身生理状况出现认知偏差而加以健康的

---

❶ 韩志霞. 长春市大学生参与课余体育锻炼的现状及影响因素分析[D]. 东北师范大学,2003.

否定，故大学生应肯定自己的健康状况和各项生理水平，以积极的态度参与体育锻炼。而生理状况确实欠佳的大学生更应该坚持用科学的方法去锻炼身体，从而提高自身的生理水平和促进健康度，而良好的生理水平和身体健康会使大学生的体育锻炼坚持性更趋于稳固。

各大普通高等学校可以广播、校园网络、黑板报等形式向学生介绍课余体育锻炼的相关知识，激发学生锻炼的热情。还可以邀请本地区体育名人来学校演讲和与学生进行互动，让学校充满课余体育锻炼的良好氛围。大学生自进入高校就应该在教师的指导下积极锻炼，并在锻炼中接受丰富的情感体验，从而投身于科学对体育锻炼、合理激发自己的行为意向性，必要时给自己适宜的心理暗示，来提高自己的体育锻炼坚持性。

其次，积极参与各项体育锻炼和竞赛。在不断的尝试中得到自我实现，从而强化自己体育锻炼的积极态度，丰富自己的体育锻炼动机，尤其以完善自身的生理、安全需要为主的动机，而基础动机可以使体育锻炼坚持性更趋向于稳固。适当增加自身心理需要、自我实现需要等动机。严格要求自己积极参与，并暗示自己体育锻炼坚持性的重要性和功能，以增强自身的行为控制感。此外，大学生还需要通过各种体育锻炼和竞赛提高自己的水平，增强自己的自信心。

再次，大学生应该建立起积极的体育锻炼评价和自我评价体系，全面认识体育的功能价值、自身的意志、自身的体育锻炼行为所产生的积极效应，并通过各种方法、途径对自己体育锻炼坚持性进行强化。

（三）实施科学的体育锻炼计划，促进良好体育习惯的养成

实施科学的体育锻炼计划，促进良好体育习惯的养成，尤其是对仍处于维持阶段的大学生更应该如此。Pender（1996）研究认为，过去的相关行为将对后继行为结果有直接或间接的影响。因为体育锻炼的形成即使是在不经意的情况下，也会使个体倾向于从事他过去曾经有过的行为。其影响力的强度，将视行为发生时间而定，而且在重复性的行为中最为明显。对于运动习惯的养成，黄耀宗、季力康研究认为，可以通过制定运动决定衡量表，运动契约突破障碍，预防中断运动备忘录，自我记录运动，制定可评估的长期的或短期的目标

及运动达成奖励等方法来监督实现。各普通高校的相关领导应定期走访其他地区，考察其他地区普通高等学校开展课余体育锻炼活动的情况，并借鉴先进经验。征求社会其他人员对于开展课余体育锻炼活动的建议，结合具体情况对相关建议进行分析，找到一条适合本校开展课余体育锻炼活动的成功之路。

（四）制定课余锻炼的契约

公平、明确和可信的契约是训练者要求受训练者的行为标准及增强分量务必适合受训练者的条件。虽然这种条件很难有统一的客观标准，但是经过一段时间的观察和实践，可以制定出比较符合锻炼者实际的标准。如果所定标准太高或者增强分量与锻炼者的实际不相符，契约就不会起到太大作用。契约的履行要求训练双方按照契约规定的条件进行，如果双方都能信守契约上的规定，就会收到较好的锻炼效果。契约可以是成文的正式契约，也可以是隐含的、非正式的、未公开说明的期望，即非成文的心理契约，相关研究也表明，制定心理契约有利于培养个体的集体归属感和提高训练水平。

1995年，《全民健身计划纲要》正式颁布实施，这是由国家、社会支持，全民参与，有目标、有任务、有措施的体育健身计划。随后，国家体委推出了《关于贯彻〈纲要〉实施"全民健身一二一工程"的意见》，强调学校做到："保证学生每天参加1小时体育活动，每年组织学生开展两次远足、野营活动，每年对学生进行1次身体检查。"同年，第八届全国人民代表大会常务委员会第十五次会议通过了《中华人民共和国体育法》，其中也进一步明确了学校为学生提供良好的运动场地所承担的责任、权利和义务。这些政策、法律法规的制定，无疑是利国利民的重大举措。国家、各级政府和各学校应贯彻落实各种相关政策，特别是"保证学生每天参加1小时体育活动"，进一步强化学生坚持体育锻炼的习惯养成，从而提高大学生体育锻炼坚持性。

首先，相关部门和高等学校相关部门的领导应该重视学生课余体育锻炼活动，这是开展和建立良好的课余体育锻炼新模式的关键；其次，各高等学校要实行严格的科学化管理，摒弃一些落后的管理程序，定期组织相关人员对学生参与课余体育锻炼进行指导和教育；再次，学校应对本校开展课余体育锻炼活动的具体情况做出合理的规划，包括对场地和器材的规划、对参与课余体育锻炼活动的教师和学生的人数进行规划、对维修和购置相关运动设施的规划等；最后，政府执能问门应针对高校课余体育锻炼活动制定相应的政策，加大对这一方面的投入和管理，使北京市高等学校大学生能更加科学合理地开展课余体育锻炼活动。

（五）重视周围环境的选择与建设

以往的研究在谈到环境因素对健康的影响时，往往从自然环境因素着手。如通过对日光、空气、水等自然条件的合理运用，使锻炼者回归自然，陶冶情操。事实上，环境因素除了自然环境之外，还应该包括人为环境，具体可分为可改变的物质条件因素和可改变的人际关系因素。符合锻炼者实际的可改变的物质条件因素非常重要。如对女大学生练习投篮来说，篮筐是"标的物"，这是可改变的物质条件。而"标的物"的大小和高低应该有利于女生达成终点行为，即投篮得分，因此选择适合女生的用球，适当降低篮筐高度，使一般的女生能很容易地投篮甚至扣篮，会对女生提高参加体育锻炼的积极性起促进作用。可改变的人际关系因素，包括家庭、同学、体育指导人员和医务人员等。实践证明，人际关系因素可能对个体实施行动起促进作用。如一个不太喜欢运动的同学，处在一个其他同学都喜欢运动的宿舍或者班级，为了适应环境的需要很可能会让他做出一些行为上的改变。北京市城市用地紧张，然而部分高校所在的地理位置却具备体育锻炼的独特优势❶。如拥有广阔的土地、未经开垦的山地和新鲜的空气等城市中心地区所无法具备的环境因素，该区的普通高等学校不仅可根据本地具体情况开展具有当地特色的课余体育锻炼活动，让学生在学习之余走进大自然，呼吸新鲜空气、陶冶身心，排解学习给同学带来的负面情绪，而且还能让学生利用当地自然环境锻炼身体，培养他们终身体育锻炼的信念和意识。

加强集群锻炼可以提高在校大学生锻炼的坚持率，大部分学生不参加课余体育锻炼的主要原因是因为没有人陪伴，这时只要大家集合在一起锻炼，如寝室同学一起为一个单位进行共同锻炼，或者两三个人共同相约进行锻炼，坚持

---

❶ 陈波．长春市大学生课余体育锻炼的现状及影响因素分析[D]．东北师范大学，2011．

继续锻炼就简单多了。作为督导的主体方,校方可以多组织一些课余体育锻炼活动,设置一些同学们可能会感兴趣的奖项来鼓舞大家去参与,从而也就为这种集群锻炼提供了机会。高校作为大学生体育锻炼的载体,除了全面贯彻关于体育课及体育锻炼的相关政策外,需要从各渠道加强对大学生坚持体育锻炼的宣传教育工作,全方位开放学校的各锻炼场所,积极组织各项体育竞赛活动,积极为大学生提供体育锻炼的各种平台。伙伴作为锻炼环境的重要构成因素,对大学生坚持体育锻炼也有一定影响,尤其是对体育锻炼坚持性不好或不太好的大学生来说,他们认为不能坚持体育锻炼的重要原因是"周围锻炼气氛不浓"。因此,体育教师应特别关注与积极组织这部分学生开展集体项目的体育活动。同时,大学生应加强伙伴之间的相互激励和支持,以确保体育锻炼坚持性。

体育教师作为大学生体育锻炼的权威指导者,在教学中不仅要起积极的主导作用,即引导、指导和教育学生对体育锻炼目标、内容、方法、效果的选择和制定,而且在体育课及课外体育锻炼中还应注重锻炼的健身性和趣味性,及时对大学生锻炼情况提供反馈信息,并及时强化学生的每一点进步,不断培养与提高学生体育锻炼的兴趣,使其坚定体育锻炼坚持性的信心。

第二节 北京市普通高校大学生课余体育锻炼督导方案可行性分析

长期、科学和有规律地坚持体育锻炼,能够使人获得积极的身心效益、提高社会适应能力。大学生作为未来社会的栋梁,体育锻炼可以直接影响其身心健康。这不仅涉及高校体育教育改革的发展,更涉及高素质人才的质量问题。对其进行课余体育锻炼的督导方案具备可行性,具体可从以下四个方面来分析。

(一) 完善学校体育的规章制度,建立有效的监督管理机制

当前,全国正在大力开展和推广阳光体育运动。各高校开展的效果如何?有没有达到应有的目的?其首要的工作是要建立一套行之有效的监控管理机

制，认真落实"健康第一"的指导思想。阳光体育运动要以全面实施《体育与健康课程标准》为基础，对先进单位和个人要给予奖励。落实学校体育的各项政策、法规，从保证每人每天体育锻炼一小时入手，建立健全学校体育的工作机制。各级教育行政部门要开展对学校体育的专项督导制度，增加学生体质健康状况在学校评估体系中的权重，表现较好的单位要给予宣传和奖励。同时还要广泛开展大学生日常体育活动和竞赛，全面加强对学校体育各项工作的管理和监督，用科学的管理制度保证学生坚持体育锻炼。

（二）以实施《国家学生体质健康标准》为目标，提高学生的体质健康水平

随着阳光体育运动的广泛深入开展，逐渐突显出大学生的课外体育锻炼缺乏针对性和目的性，学生不能依据自身情况制定适合自己的运动方案等问题。体质健康测试可以使大学生能够及时了解自己的体质健康水平，明确自己的锻炼方向，并随时调整"运动处方"，从中获得锻炼的成就感和乐趣，养成良好的锻炼习惯，从而达到阳光体育运动的目标。各高校要严格落实《国家学生体质健康标准》，力争使80%以上的学生达到《学生体质健康标准》及格及以上等级。开展阳光体育运动与大学生体质健康测试工作是相辅相成的，要通过全面开展阳光体育运动来不断提高大学生的体质健康水平，不断提高测试及格率。

（三）加强体育教师的课外指导力度，营造良好的体育锻炼氛围

高校要制定切实可行的活动计划，在完成正常体育教学的同时，充分发挥学生的积极主动性，树立以人为本的思想，切实做好学生的思想工作，培养学生的体育兴趣，提高学生对体育锻炼的认识，使学生形成正确的体育价值观，使学生乐于接受体育教育，并能主动养成经常参加体育锻炼的习惯。同时要积极组织体育教师参与指导学生的课外体育活动，在工作量上给予积极鼓励。通过丰富多彩、形式各异的体育活动来进一步丰富学生的课外体育活动，吸引更多的大学生参与到体育锻炼中来。

(四) 科学设计，开展有特色的阳光体育活动

当今普通高校的体育教学，从教学内容、教学手段与方法上都已经不能适应培养现代大学生的需要。因此，首先应从教学内容的选择上，要以学生需要的、接近生活的、便于延续的运动项目为主；在教学方法和手段上，高校体育教育要充分考虑学生的需要及其未来发展；必须以学生为本，关注学生的全面发展；遵循教学的一般规律，注意处理好教育者的导向作用与受教育者自觉参与作用之间的关系。组织学生开展阳光体育运动是学校教育的一项经常性、长期性的工作，要根据国家教育部阳光体育运动实施的总体要求，结合实际，实事求是地制订实施方案，并在实践中不断提高和完善，形成特色。首都高校应充分利用大学生接触各项赛事机会多的优势，不断开展学生喜爱的新兴项目，采用不同的方法和组织形式，调动参与主体的自觉意识，让他们从现实需要出发，积极主动地参加阳光体育运动。

第三节　北京市普通高校大学生课余体育锻炼督导方案设计

生命在于运动。对于充满激情的大学生来说，运动更是青春、朝气的体现。众所周知，大学生的体育锻炼问题是全社会关注的问题，因为这直接影响到大学生的身体素质和健康状况。而大学生的体育锻炼状况如何，对整个社会将会产生极其深远的影响。因为在不久的将来，他们将承担建设社会的重任，他们的身体锻炼状况将直接影响到国民身体素质、劳动者的工作水平及今后为社会创造财富的能力。但是，目前很多大学生对自己的身体素质漠不关心，严重缺乏体育锻炼，体育课只是敷衍了事。长此以往，不仅大学生身体素质的整体水平会下降，还会影响到国家未来的建设。北京作为祖国的首都，其城市人口及外来人口总数聚增，已成为一个超级城市。面对未来繁重的生活压力和现阶段的课业压力的首都在校大学生而言，应认真重视课余体育锻炼，因此设计北京市普通高校大学生课余体育督导方案势在必行。具体督导方案的设计应侧

重于以下七个方面❶。

（一）培养学生体育锻炼兴趣，增强学生体育锻炼意识

大学生刚入学就要投入课余体育锻炼之中，四年不变，如果还要继续考研读博，那么还要一如既往地与坚持体育锻炼，为此，必须采取相应的措施。

首先，要组织形式多样的体育活动提高学生兴趣。如形体健身、武术、球类、体育舞蹈等具有趣味性、娱乐性和广泛性的体育项目。

其次，要增加体育实践，组织以班、系、院、校为单位的足球赛、篮球赛、拔河赛、跳绳赛、健身操赛等各种比赛。通过形式多样、强度适当的体育活动和比赛，既有益于改善学生的生理功能，增强其体质，增进其健康，又能使其感到愉快和谐，充满信心和乐观向上的情绪，从而促进其身心健康，提高自身的社会适应能力。

再次，应加强校园体育文化建设，浓厚的校园体育气氛对大学生养成良好的体育锻炼习惯具有潜移默化的作用。体育并不仅仅是一门课程或者一项兴趣爱好，它更是健康生活的一部分，是高质量生活必须形成的一种习惯。不能让体育锻炼继续停留在课程或爱好的层面上，而是要让体育锻炼成为学生校园生活的重要内容和一种自然的生活习惯。为此大学还应当加强体育社团建设，使学生主动开展体育活动，发展单项体育锻炼团体。只有加强校园体育文化建设和建立高效的体育活动制度，保证学生的课外体育活动时间，才能帮助大学生培养体育运动的兴趣，养成良好的运动习惯。

参加体育课是大学生进行体育锻炼的最主要途径，然而现今的体育课程设置得过于散乱，大多时候运动效果甚微，逐渐沦落为同学们修学分的应付手段，其主要原因是学生对体育课兴趣不大。要提高他们对体育课的兴趣，校方可以做出相应的努力，如多组织群体活动和比赛等。在体育选课上提供更多的自由选择性，使学生能够充分地发挥他们对体育锻炼的兴趣和热情，从而形成一项爱好。学校可以在大一新生刚刚到校报到之际，就特别注重宣传介绍体育课开设的各项项目，让他们有充分的时间进行课程选择。除此之外，学校还可

---

❶ 李庆贺.论高校体育场地的供需矛盾[J].体育科技,2014(5):161-162.

以破除大一学生只可以选择一种体育项目的规定,让他们在进行多种项目的"试验"之后,再根据个人的兴趣和爱好再选修的体育课程。

(二) 优化体育教学,发挥课余体育活动的作用

课余体育锻炼是课堂教学的延续和有效补充。在有限的体育教学课上,可以重点讲授运动技能、战术和理论知识。而在课余体育锻炼中,可引导学生将在体育课上所学习的知识和技能运用于实践。这样能培养学生的自学、自练和自评能力,对其提高体育意识、养成锻炼习惯等方面都具有重要的作用。要真正做到课内课外有机地结合在一起。要充分发挥学生联合会、社团和单项体育协会的作用,每年给予一定经费或体育器材的资助。应开展小型多样的体育竞赛,如体育文化节、体育知识抢答赛和对抗赛等。学校每学期组织两个以上的群体性比赛项目,促使各系进一步加强对学生课外体育活动的重视,以竞赛促进体育活动的开展。针对女生的特点,应开展适合女生体育的竞赛项目,如跳绳、踢毽子等比赛,从而使更多喜欢这些项目的女生参加。这样坚持下去就会形成浓厚的体育锻炼的气氛,会吸引更多的学生参与课外体育活动。

(三) 培养学生从事体育锻炼的情感动力

学校应把开展课外体育活动与素质教育,以及爱国主义教育密切结合起来,大力宣传课外体育活动的意义并制定相应的内容和措施,提高学生的健身意识。学校应该将健康意识与文明意识、现代意识有机地结合起来,转变"无病即健康"的观念,树立正确的体育观念和健康观念,促使他们"终身体育观"的养成。学校还应该通过多种途径,有目的、有计划地开展宣传活动,充分利用广播、校报、宣传窗、校园网等宣传媒体,加强全民健身的宣传力度,优化体育教育环境。教师要引导学生树立正确的体育价值观,培养他们"健康第一""终身体育"的意识,认识到体育的价值,最终形成体育锻炼意识和体育锻炼习惯。

学生体质的增强是一个由量变到质变的过程,仅靠学生凭兴趣自己锻炼是不够的,还要严格组织,有计划、有步骤、有考核地来进行。经过备战高考的超负荷学习,有相当一部分大学新生身体素质较差,甚至还有个别学生连一堂

第六章　北京市普通高校大学生课余体育锻炼督导方案

体育课都坚持不下来。对于大学生的体育锻炼而言，素质练习是基础，耐力、爆发力是重点，柔韧性、灵活性是关键。而长跑无疑对增强学生身体素质有着非常大的益处。积极培养学生的自我保健意识、体育意识、健康第一意识，以兴趣为导向，科学方法为载体，使学生自觉地全身心地投入课余体育锻炼活动中去。从小体弱的人往往都是通过练习长跑而逐步改善体质的。所以对大一学生的课余活动要增加一定强度的素质训练，如冬练 3000 米、1500 米，夏练 2000 米、800 米加折返跑等。力争经过一学年的素质训练使学生身体素质有较大的提高，使学生感受通过体育锻炼体质变得更加强壮、生命力更加旺盛时那种特有的自豪感、欣慰感等愉悦的情感体验，真正达到"我健身，我快乐"的目标，精力充沛地投入到紧张的学习和生活中去。在大学二年级，可以让学生选择自己喜欢的体育项目，进行重点锻炼，在有专长和特长的体育老师的技术辅导下，力求经过一年半的训练，人人都能有所提高。

（四）成立学生自己的体育俱乐部

为了提高体育教学的效果，培养学生对体育的兴趣，形成体育锻炼的习惯，应积极鼓励学生组建和参加各单项体育协会或俱乐部，如"篮协""排协""网协""乒协""足协""羽协"等。校内进行的所有体育活动都可以成立协会和俱乐部，学校应在理论、技术、场地、设施等方面给予大力支持，并加强管理，组织各协会开展形式多样和经常性的体育比赛活动。另外，学校体育运动会的设项，要充分考虑广大学生的参与性，避免过分竞技化。要通过组织多种多样的体育比赛活动，推动课余体育活动的开展。同时，还要大力扶持学生体育社团和协会组织。充分发挥学生干部的作用，组建更多的体育社团，丰富校园文化，营造体育氛围，扎实开展"第二课堂"活动，支持开展健康和丰富多彩的体育活动。

（五）结合《标准》，有针对性地组织课余体育锻炼[1]

教育部、国家体育总局研制的 2003 年新学年开始实施的《学生体质健康

---

[1] 张戈. 大学生体育锻炼促进的研究[D]. 北京体育大学, 2011.

标准（试行方案）》（以下简称《标准》），是促进学生体质健康发展、激励学生积极进行身体锻炼的指导性文件，是学生进行体质健康个体评价的科学标准，而达标是学生毕业的基本条件之一。《标准》从身体形态、身体机能、身体素质等方面综合评定学生的体质健康状况，按百分制记分，这对大学生是新的挑战。因此，要利用课余时间对每个评价项目按标准进行有组织的锻炼，加强技术指导，定期测评，做好记录，使学生能够顺利达标，并使更多的学生的成绩达到优秀标准。

（六）逐步完善体育设施建设

在高校连续扩大招生的形势下，学校体育主管部门应制定出强有力的措施，严格按照国务院教育行政部门规定的标准配置体育场地、设施和器材，改善体育场地的环境，保障大学生体育活动的正常开展。建设体育馆，增加室内体育锻炼的活动场地，加大对运动器材和设施的建设投入，充分有效地利用现有体育场所；扩建学校健身房，改善健身房的设备，增加需求量特别大的健身器材，购入现今没有但又十分需要的健身器材。还要特别关注健身房内的空气质量。因为不少学生尤其是女大学生不喜欢去健身房进行业余体育锻炼，其最主要原因在于健身房中的特殊"气味儿"。校方要对健身场地及其设施采购给予高度重视真正起到监督指导作用。

（七）上级主管部门加强督导工作

上级主管部门应加大对学校体育工作的管理力度，定期到各个院校进行调研、督导，确保各项工作落实到位，使学生体质状况切实得到提高。同时加大对体育经费的划拨，以及场地与设施的投入和管理工作。加强学生课外体育锻炼的组织和指导，提高学生参与率。充分发挥体育教师的作用，调动其积极性。

第七章 北京市普通高校大学生参与课余体育锻炼的影响因素

第一节 主观因素分析

(一) 大学生的健康意识

关注自己健康的人,与其是否参加体育锻炼有一定的关系,关注自己健康的人比不关注的人在参加课外体育活动方面多一些主动性。内部动力决定外部行动的方向。经调查,不同程度关心自己健康的大学生,在自觉参加体育活动方面也有差异。

表7-1 大学生是否关注自己健康与参加体育活动的关系

	关注	一般	不关注	合计 人数	百分比(%)
5次以上/周*	34	22	4	60	7.90
3~4以上/周*	71	38	8	117	15.42
1~2以上/周*	169	120	7	296	39.00
平均每周不到1次	88	110	8	206	27.14
从不参加	28	43	9	80	10.54
合计	390	333	36	759	100

注:*代表参加体育活动次数稳定的层次。

高校大学生课余体育锻炼组织、运行、督导方案的可行性探究

如表 7-1 中所示，在每周参加体育活动次数较为稳定的学生当中，每一层次上关注自己健康的学生参加体育活动的主动性都更高一些。即使在关注自己健康的学生当中，在参加体育活动方面，也呈现出"两头小，中间大"的特征。每周参加 5 次体育活动以上的大学生和从不参加的大学生分别占总数的 7.91% 和 10.54%。而大部分学生都处于中间阶段，占 81.55%，都有一定次数的体育活动，39% 的大学生集中于每周参加体育活动 1~2 次。而在对自己健康不太关注和不关注的学生当中，在参加体育活动次数方面并不存在这个明显的特征。不关注自己健康的大学生在参加体育活动方面各个层次上的人数，都是三种态度中最少的❶。

表 7-2　大学生对"年轻还要注意保健"的态度与体育活动的关系

	关注	一般	不关注	合计
5 次以上/周*	49	9	2	60
3~4 以上/周*	96	20	1	117
1~2 以上/周*	252	40	4	296
平均每周不到 1 次	161	4	1	206
从不参加	58	17	5	80
合计	616	130	13	759

对"年轻还要注意保健"这个观点的态度从一定程度上也可以反映出一个人的倾向意识，持赞成与不赞成两种对立观点的大学生在参加体育活动的频次上存在着显著性差异（$P=0.03<0.05$，见表 7-2）。

表 7-3　"经常感觉精力充沛且心态平衡吗?"

	经常	有时	从来没有	合计
5 次以上/周*	30	28	2	60
3~4 以上/周*	47	63	7	117

---

❶ 杨云杉.体育教育教学在普通高校中的改革及大学生体育生活方式的培养分析[J].当代体育科技,2014(36):60-61.

第七章 北京市普通高校大学生参与课余体育锻炼的影响因素

续表

	经常	有时	从来没有	合计
1~2以上/周*	118	170	8	296
平均每周不到1次	65	135	6	206
从不参加	18	55	7	80
合计	278	451	30	759

在对大学生心态的调查中,不同层次的体育活动主体大部分都是有时感觉精力充沛且心态平衡,占总体的59.42%。经常有和从来没有这种心态的大学生之间并不存在显著性差异(P=0.92>0.05,见表7-3)。

根据以上三方面的调查分析发现,大学生健康意识越强,参加体育活动越积极,而且在每周参加体育活动的次数具有较高的稳定性。

(二) 大学生的体育兴趣

兴趣是指人对事物特殊的认识倾向,它是人们从事实践活动强有力的动力之一。当人们对某些事物感兴趣时,这种兴趣就会引导他积极地从事这方面的社会实践。大学生对体育活动是否感兴趣也是影响其体育生活方式的一个重要因素。

表7-4 大学生体育兴趣的因素影响

	喜欢		一般		不喜欢		合计	
	人数	百分比(%)	人数	百分比(%)	人数	百分比(%)	人数	百分比(%)
5次以上/周*	53	88.33	5	8.33	2	3.34	60	100
3~4以上/周*	97	82.91	18	15.38	2	1.71	117	100
1~2以上/周*	180	60.81	105	35.47	11	3.72	296	100
平均每周不到1次	71	34.47	109	52.91	26	12.62	206	100
从不参加	18	22.50	42	52.50	20	25.00	80	100
合计	419	55.20	279	36.76	61	8.04	759	100

如表7-4中所示,大学生体育兴趣的不同直接对他们的体育生活方式产生

了不同的影响。喜欢体育活动的大学生在每周的活动次数上比较稳定，在参加体育活动次数的稳定性上，有以下规律（对*）：S（喜欢）＞S（一般）＞S（不喜欢）。CS代表参加体育活动次数的稳定性。

表7-5 大学生体育兴趣对参加体育活动频次的影响

	喜欢 人数	喜欢 百分比（%）	一般 人数	一般 百分比（%）	不喜欢 人数	不喜欢 百分比（%）	合计 人数	合计 百分比（%）
5次以上/周*	53	88.33	5	8.33	2	3.34	60	100
3~4以上/周*	97	82.91	18	15.38	2	1.71	117	100
1~2以上/周*	180	60.81	105	35.47	11	3.72	296	100
平均每周不到1次	71	34.47	109	52.91	26	12.62	206	100
从不参加	18	22.50	42	52.50	20	25.00	80	100
合计	419	55.20	279	36.76	61	8.04	759	100

而在调查中我们发现，有些同学喜欢体育活动，但还没有形成稳定的活动次数。如表7-5中所示，在喜欢体育活动的学生当中，还有4.3%的学生从不参加体育活动，16.95%的学生参加体育活动的次数平均每周还不到1次。这里有时间的因素，也有学校场地、器材缺乏的缘故，这些客观的因素都影响着学生的体育生活方式。

表7-6 大学生自述兴趣对自己参加体育活动的影响

	影响很大	影响较大	一般	影响较小	没有影响	总计
选择人数	398	219	93	26	23	759
百分比（%）	52.44	28.85	12.25	3.43	3.03	100

在"大学生自述的兴趣对自己参加体育活动的影响作用如何"的调查中，如表7-6中所示，52.44%的大学生认为影响很大，28.85%的大学生认为影响较大，只有3.43%的大学生认为影响较小，还有3.03%的大学生认为兴趣对他们参加体育活动没有影响，另有其他原因。这其中就包括为了体育考试能够过关，不得已才去参加体育活动的同学。有些同学在调查中强调，大学生参加体

育活动应该成为他们自觉自愿的活动,而不应该用考试来衡量他们参加体育活动的情况。这一点反映了一些大学生的心声,他们愿意为了娱乐自愿地参加体育活动,而不愿被强制去锻炼。可见,体育考试虽然督促了一部分大学生主动地参加体育活动,但同时也给大学生的体育生活带来了一定的负面影响,那就是考试压力致使大学生对体育活动兴趣不高。

(三) 大学生的体育活动动机

动机是指推动人的活动的内部动力,是激励大学生从事各项活动的主观动因。大学生参加体育活动的动机不同,会对他们参加体育活动的次数和坚持性产生影响。正如高尔基所说:"在生活中,没有任何东西比人的行动动机更重要,更珍奇的了。"参加体育活动的动机是在活动需要的基础上产生的,对活动起着推动的作用。从心理学的角度分析,人的活动动机一旦形成,就会对活动产生饱满的情绪,主动积极的态度,浓厚的兴趣,集中注意力去完成确定的志向。对大学生来说,只有激发其参加体育活动的不同动机,来满足他们不同的需要,才能促使大学生形成良好的体育生活方式。

表7-7 大学生参加体育活动的动机

活动动机	排列顺序	选择人次	平均选择系数
提高身体素质	1	484	2.13
散心解闷,调整情绪	2	451	1.99
消遣娱乐	3	294	1.30
预防疾病	4	229	1.01
和同伴、朋友交流	5	228	1.00
提高运动能力	6	216	0.95
改善体形	7	210	0.93
健身治病	8	165	0.73
结交新朋友	9	87	0.38
消磨时间	10	75	0.33
美容	11	56	0.25

总选择人次：2495；单项平均值：227。

由表7-7可以看出，大学生参加体育活动的动机不是单一的，而是多层次的，主要的动机排列如下：提高身体素质；散心解闷，调整情绪；消遣娱乐；预防疾病；和同伴、朋友交流。动机来源于自身的某种需要，激发大学生的体育需要，可以培养大学生自觉参加体育活动的习惯。

大学生不同的活动动机，会影响其是否参加体育活动和参加体育活动的形式等。在调查中，当问到"你为什么要参加体育活动"时，有的男同学回答"为了引起女生的注意和崇拜"。追求他人认同感的心理使他们参加体育活动时有不同的动机。而阻碍大学生不愿意参加体育活动的动机是，怕别人讥笑和不理解；身体较弱，不宜参加体育活动；身体很好，用不着参加体育活动。这种心理的具体影响程度分别见表7-8、表7-9、表7-10。可见，大学生参加体育活动的心理，也是影响大学生自由自在参加体育活动的一个重要因素[1]。

表7-8 怕别人讥笑和不理解

	影响很大	影响较大	一般	影响较小	没有影响	总计
选择人数	31	56	183	224	265	759
百分比（%）	4.08	7.38	24.11	29.51	34.92	100

表7-9 身体较弱，不宜参加体育活动

	影响很大	影响较大	一般	影响较小	没有影响	总计
选择人数	30	50	156	206	317	759
百分比（%）	3.95	6.59	20.55	27.41	41.77	100

表7-10 身体很好，用不着参加体育活动

	影响很大	影响较大	一般	影响较小	没有影响	总计
选择人数	25	41	146	217	330	759
百分比（%）	3.29	5.40	19.24	28.59	43.48	100

---

[1] 熊强. 体育教育专业实践课程运动教育模式的建构与实验研究[J]. 教育学术月刊, 2012(10): 51-53.

第七章 北京市普通高校大学生参与课余体育锻炼的影响因素

(四) 大学生是否有参加体育活动的习惯

大学生是否经常参加体育活动，能不能坚持，习惯的力量是不容忽视的。在调查中，在促进大学生参加体育活动的因素中，早已养成锻炼的习惯是其中一个重要的因素。所以，对个人而言，体育活动习惯也是目前大学生体育生活方式的一个重要影响因素。

表 7-11 体育活动习惯对大学生参加体育活动的影响

	影响很大	影响较大	一般	影响较小	没有影响	总计
选择人数	123	204	190	102	60	679
百分比（%）	18.12	30.04	27.98	15.02	8.84	100

从表 7-11 中我们可以看出，91.16%的大学生认为自己的习惯对参加体育活动有影响；其中 18.12%的大学生还认为影响很大。

第二节　客观因素分析

(一) 学校运动保健知识教育

在体育活动逐渐成为人们生活一部分、逐渐成为人们休闲的主要方式的今天，对运动保健知识的了解也将成为人们体育生活的一部分。学校作为教育的专门场所，对大学生进行体育教育，传授给他们一些必要的运动保健知识是必要的。同时，由于学校教育具有系统传授知识的优势，这将有利于大学生高效地掌握系统而全面的运动保健知识。理论指导实践，对运动保健知识的掌握和了解，将对大学生自觉参加体育活动的实践起到一定的指导作用。

表 7-12 保健知识摄取影响大学生对自身健康的关注情况

	一些	很小	没有	合计
关注	267	111	10	288

续表

	一些	很小	没有	合计
一般	212	115	8	335
不关注	22	11	3	36
合计	501	237	21	759

对保健知识摄取的多少影响着大学生对自身健康的关注情况。从表7-12中可以看出，学习了一些保健知识的大学生比很少学习或没有学习的大学生在"是否留心自己健康"的问题上有明显不同的表现。学习了保健知识的大学生较关注自己的健康，而学习较少的人则表现出对自己的健康没有特别的留心。根本没有学过保健方面知识的大学生占少数，不留心自己健康状况的大学生也占少数。意识形成于一定知识积累的基础上，所以，学习保健知识对于大学生形成健康意识具有重要的作用。

（二）学校体育教学的内容

体育教学是学校对学生进行体育教育的主要途径，体育教学的内容一定程度上也直接影响学生参加课外体育活动的内容。随着教育改革的深入，体育教育也在发生着变化。满足学生体育活动需要，有目的地引导学生对体育活动产生兴趣，从而使其形成终身体育，这是体育教育改革努力的一个方向。学校的体育教学承担着重要的角色。教学内容的改革曾经也引起了许多学者和一线工作者的关注，例如，安排学生喜欢的一些运动项目，富有地方色彩的体育活动项目经过改造后进课堂等，这些都是体育课程改革的内容，都涉及学校体育教学内容。体育教学内容能不能满足大学生参加体育活动的需要，即大部分学生都愿意参加的体育项目能否在体育课上学到，这是关系到大学生体育生活活动内容的问题。

大学生喜欢的体育项目是否能在体育课上学到，见表7-13的调查结果显示，大部分学生认为自己喜欢的体育项目或多或少地都可以在体育课上学到，只有6.32%的大学生认为他们喜欢的体育项目在体育课上没有学。

第七章　北京市普通高校大学生参与课余体育锻炼的影响因素

表 7-13　大学生喜欢的体育项目的学习情况

	全部	部分	很小	没有	合计
选择人数	42	453	216	48	759
百分比（%）	5.53	59.69	28.46	6.32	100

图 7-2

从大学生从事的经常性体育活动项目我们可以看出，学校体育课的教学内容还是能够满足大学生课外体育活动的需要的，如表 7-14 所示。

表 7-14　大学生体育生活活动项目

	排序顺序	选择人次	平均选择系数
慢跑	1	317	2.38
散步	2	316	2.36
篮球	3	268	2.02
羽毛球	4	244	1.84
乒乓球	5	170	1.28
足球	6	109	0.82
其他	7	70	0.53
健美操	8	65	0.49
网球	9	45	0.34
排球	10	39	0.29
舞蹈	11	37	0.28
太极拳	12	24	0.18
武术套路	13	23	0.17

总选择人次：1727；单项平均值：1727/13 = 133。

除了这些经常开展的体育活动，有的学生还参加其他的运动项目，如游泳、跆拳道、瑜伽、普拉提、台球、橄榄球、器械训练，有的女生还选择了跳绳、玩呼啦圈等。由表 7-14 可以看出，大学生经常参加的一些体育活动项目在体育教学中大部分都能学到，只有一些新兴活动项目在体育教学中还没有开设，这使得大学生觉得自己喜欢的活动项目在体育课上只能学到"部分"。

从大学生喜欢的一些活动项目上看，如跳绳、呼啦圈是简单易行的，可以纳入体育课的活动内容中。值得注意的是，一些逐渐受到人们青睐的体育运动项目，也吸引大学生的关注。对身体素质要求较高的一些活动项目也逐渐受到大学生的喜爱，如跆拳道、瑜伽和普拉提等。这些运动项目虽然深受大学生的喜爱，但还没有被纳入学校的体育教学中。这是由于课程设置本身的滞后性造成的。课程内容要根据社会生活的需要而设置，课程内容应该考虑到让学生了解社会、接触社会，并且掌握一些解决社会问题的基本技能。所以，目前还只是被少数人用于健身的运动项目，只有发展到一定程度，才会被设置成课程而进入体育课堂，这也是课程设置的一个规律。所以，大学生体育活动内容也受到学校体育教学内容的影响。

（三）大学生体育活动指导

由于体育生活方式的选择是大学生的一种自觉的行动，是一种课外活动，没人指导也就成为影响大学生参加体育活动的一个因素。在对"大学生体育生活影响因素"的调查中，如表 7-15 所示，72% 的大学生认为"不懂得锻炼的方法，不知如何进行锻炼"对他们参加体育活动有影响。其中，15.42% 的大学生认为影响较大，还有 5.27% 的大学生认为影响很大。

表 7-15　锻炼知识的影响

	影响很大	影响较大	一般	影响较小	没有影响	总计
选择人数	40	117	184	206	212	759
百分比（%）	5.27	15.42	24.24	27.14	27.93	100

在"阻碍大学生参加体育活动"的调查中，不懂锻炼方法是其中一个影

第七章 北京市普通高校大学生参与课余体育锻炼的影响因素

响因素,见表7-16。因此,大学生需要体育教师来指导他们进行体育活动,这也是我们需要关注的。

表7-16 阻碍大学生参加体育活动的因素

阻碍因素	排列顺序	平均得分
无兴趣	1	4.29
没时间	2	4.07
学业任务重	3	3.57
不能坚持	4	3.54
场地设施少	5	3.35
器材少	6	3.32
惰性	7	3.18
无同伴	8	2.88
不懂锻炼方法	9	2.40
怕人讥笑	10	2.15
体质弱不宜活动	11	2.02
体质好没必要	12	1.94

总选择人数:759。

在对"大学生是否需要体育教师指导"的调查中,见图7-3,有34.46%的大学生表示需要体育教师来指导;而47.28%的大学生持不确定的态度,觉得可有可无;只有18.26%的大学生认为不需要。

表7-17 是否需要指导调查

	非常需要	需要	可有可无	不需要	总计
选择人数	52	182	321	124	679
百分比(%)	7.66	26.80	47.28	18.26	100

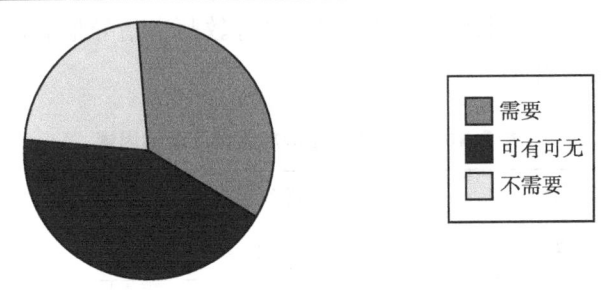

高校大学生课余体育锻炼组织、运行、督导方案的可行性探究

图 7-3

而大学生实际参加体育活动时，经常有体育教师对其进行指导的只有 5.01%，很少有的占 38.14%，绝对没有体育教师指导过自己的占 22.09%，见表 7-18。要改善大学生的体育生活，学校在这方面也需要有所改进。

表 7-18 是否有人指导情况

	经常有	有时有	很少有	没有	总计
选择人数	34	236	259	150	679
百分比（%）	5.01	34.76	38.14	22.09	100

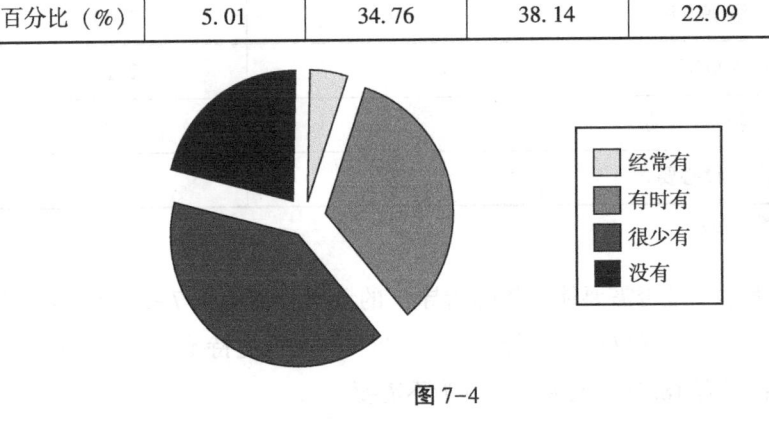

图 7-4

我们提倡科学地参加体育活动，有无人指导影响学生进行活动时的科学性，因此也是影响大学生体育生活方式的因素之一。

（四）学校体育器材和场地设施

体育场地和器材作为大学生体育生活的重要物质条件，是影响大学生参加体育活动的重要因素。在对"影响大学生体育生活的因素"的调查中，接近一半（占49.28%）的大学生都认为体育场地和设施对自己参加体育活动有较大的影响。其中21.48%的人认为影响很大，见表7-19所示。而体育器材的影响，基本与场地设施的影响程度是一样的，如表7-20所示。可见，体育场地和器材是影响大学生参加体育活动的一个重要因素。

表7-19 体育场地和设施的影响

	影响很大	影响较大	一般	影响较小	没有影响	总计
选择人数	163	211	192	119	74	759
百分比（%）	21.48	27.80	25.30	15.67	9.75	100

表7-20 体育器材的影响

	影响很大	影响较大	一般	影响较小	没有影响	总计
选择人数	153	214	198	119	75	759
百分比（%）	20.16	28.19	26.09	15.68	9.88	100

在对"阻碍大学生参加体育活动因素"的调查中，我们也可以发现，体育场地和器材问题是阻碍大学生参加体育活动的一个重要因素，如表6所示。

（五）高校体育场地供求矛盾的影响

目前，大多数高校学校体育场地严重缺乏，与《全民健身计划》提出的人均体育场地占有面积1平方米的要求还有很大距离。这一现状的导致很多爱好体育活动的学生无法参加自己喜爱的运动项目。因此，有必要研究高校体育场地的供需矛盾，这可为促进高校体育教学水平的提高，以及学生身体素质的提高都具有一定的理论指导和借鉴意义。然而，通过调查发现，体育场地的供需矛盾问题也只是相对的。对学校体育场地严重缺乏的高校，要做到在充分调查研究后兴建一些学生迫切需要的运动项目场地。高等学校及相关教育行政部门弄清楚供需矛盾后，不能只顾及"形象工程"，而不实实在在地兴建一些运动场地。对运动项目场地的建设也不能平均对待，要有针对性地多建一些对大多数学生有能力或多数人喜欢的运动项目场地。而对于那些学生知之甚少或者

高校大学生课余体育锻炼组织、运行、督导方案的可行性探究

群体参与率低的运动项目场地要少建甚至不建,以减少资源浪费,节省经济成本❶。

调查发现,国内很多高校,尤其是沿海经济发达地区的高校硬件条件非常好,加上1999年以后高校扩招导致很多高校建立新校区,在建立新校区的时候,高校和教育主管部门都从长远发展考虑兴建了很多种类繁多的运动项目场馆。这些运动场馆不仅能满足日常的体育教学需要,而且也都符合举办大型体育赛事的场馆标准,在很大程度上促进了高校体育事业的发展,对提高学生身体素质起到举足轻重的作用。但同时我们也看到,有些高等学校把这些体育场馆作为学校实力的一种象征,一些体育场馆华而不实,很多场馆利用率非常低。导致学校体育资源严重浪费。难道真的是学校体育场地过剩吗?通过实地走访和对学生的访谈我们发现,不是学校的体育场地供过于求,而是这些场地与学生的实际需求存在严重矛盾。很多大学生来自农村,很多体育项目对农村学生来说是从未听过和见过的更谈不上参与了,导致这些场地利用率较低。因此,并不是学生不需要运动场地,也并不是学校的体育场地供过于求。相反,很多学生平常参与率很高的运动项目场地却供不应求,导致很多想参加体育锻炼或者课外体育活动的大学生由于场地问题不能参加体育锻炼,在很大程度上阻碍了学生身体素质的提高。因此,高校和教育主管部门在兴建体育场地时,要通过调查与走访,兴建那些学生迫切需要的运动场地。建设体育场馆不是要多而广,而是要讲究实用性,做到有针对性地建设,不应该为了追求学校门面建立一些"形象工程",那样做不是促进教育的进步,而是阻碍教育水平的提高。

用绝对面积和相对面积来对高校体育场地供求矛盾进行探析,这样更有利于我们认识高校体育场地的供需矛盾,用这两个概念划分高校体育场地建设的有效与无效就会有一个更深刻的认识。一直以来,高等院校和教育主管部门对高校体育场地的兴建只考虑到绝对面积的建设,大多数学者的研究也只是在绝对面积上来进行研究,即从供不应求方面进行研究。他们很少从相对面积方面去进行研究,忽视了高校体育场地兴建的相对面积的内涵与外延的研究,也很

---

❶ 张云华,赵健.大学生体育锻炼现状分析及对策[J].潍坊学院学报,2009(2):123-127.

第七章 北京市普通高校大学生参与课余体育锻炼的影响因素

少考虑兴建的体育场地是否学生真的需要及是否被大多数大学生有效利用，高校和教育部门很少权衡绝对面积与相对面积之间的关系。

现在我们从绝对面积来分析。绝对面积指的是高校所建立的体育场馆按照人均面积来修建。如某高校有一万名学生，高等学校在修建体育场地的时候考虑只要生均1平方米即可，就是全校要兴建一万平方米的体育场馆，这样就达到国家所规定标准。但却未考虑某项目的运动场馆到底有多少学生能利用，利用率到底有多高，往往出现有的运动场地学生扎堆，而有的运动场地很少有学生利用，甚至沦为商家的生意场所或教职员工的停车场，从而导致体育资源严重浪费。被大多数学生利用的体育场地我们称之为有效体育场地，那些没有用于体育教学和学生体育锻炼的运动场地称之为无效体育场地。相对面积建设是依据大学生中场地使用者的面积的均值。高校和教育主管部门在修建体育场馆时候，一定要以相对面积来作为修建的依据。这就要求高等院校和教育主管部门深入到学生中去，掌握学生所需要场地的类型，以便于今体育场馆能得到充分的利用，提高场馆修建的实用性及有效性。但目前这两者之间的区别及差异性所导致的体育场馆的供求矛盾，仍然没有引起教育部门的重视。高等学校体育场馆的相对面积应该始终大于并随着学生场地使用者数量的增加趋向等同于相对面积，这样兴建的体育场馆才是有效的。从某种意义上讲，高等院校所修建的体育场馆的绝对面积与相对面积的均值越接近，证明所修建的体育场地越有效，越符合学生的需求。若二者之间存在巨大的差异性，则说明高校体育场馆的修建的实用性越低，利用率也越低，无效体育场地面积也就越大。

在高校体育场地的使用过程中，尽管很多场地被学生使用着，但是并非所有的使用都属于有效使用。这就有必要对体育场馆的有效占有和无效占有加以分析，从而为高等院校和教育主管部门对学校体育资源的使用做到心中有数，为以后修建体育场馆起到一定的指导作用。有效占有指的是，大学生将体育场地充分用于运动训练和课外体育活动，从而有效提高运动技能水平和身体素质，将体育场地充分合理地用于锻炼身体。无效占有指的是大学生将体育场地占有利用但并不是用于体育锻炼和课外体育活动，或者是该运动场地与所从事的运动项目不一致，这样的利用被称为无效占有利用，这就失去某项目运动场地存在的价值和意义。作为高等院校和教育主管部门，对体育场馆的修建要充分考虑到无效占有和有效占有之间的矛盾,要做到有的放矢,有针对性地修建场地,并且对体育场馆加以合理的管理,对无效占有体育场地要进行管理和引导。这样,才能在很大程度上提高体育场地的利用率,从而充分利用高等院校的体育场馆资源。

(六) 学业任务重,没有时间

休闲时间是大学生体育生活方式中的重要条件,也是大学生能否参加体育活动的重要影响因素。在对"大学生参加体育活动的阻碍因素"的调查中发现,学业重或没有时间成为大学生不能参加体育活动的主要障碍,详见表7-21。

表7-21 阻碍大学生参加体育活动的因素

阻碍因素	排列顺序	平均得分
无兴趣	1	4.29
没时间	2	4.07
学业任务重	3	3.57
不能坚持	4	3.54
场地设施少	5	3.35
器材少	6	3.32
惰性	7	3.18
无同伴	8	2.88
不懂锻炼方法	9	2.40
怕人讥笑	10	2.15
体质弱不宜活动	11	2.02
体质好没必要	12	1.94

总选择人数:759人。

(七) 体育氛围的影响

氛围是指周围环境的情调和气氛,属社会环境的一种。体育氛围是指在社

第七章　北京市普通高校大学生参与课余体育锻炼的影响因素

会中,周围人群参加体育活动的情况。这种情况直接影响着处于小环境内人的情感和行为。作为一个外在因素,体育氛围对大学生参与体育活动的行为具有深远影响。浓厚的体育氛围能促进人体产生深刻的认识过程,其中也包括相应积极的人体生理、生化改变,以及积极的情感等,这一切因素都吸引着人们主动地投身于体育活动中去。个体接受体育氛围影响的途径有很多,包括文化氛围和群体氛围的影响等。生活在学校的学生,主要会受到来自校园、家庭和社会等方面氛围的影响。

在众多的体育氛围当中,体育文化氛围是影响高校学生进行体育活动和体育习惯养成的无形因素和重要因素。学校体育文化包括学校内广泛存在的体育思想、观念、言论、体育活动的组织体系和管理制度,以及体育场馆、体育设施等物质形态。在《我之见牛津》一书中,加拿大学者斯蒂芬·利考克指出:"对大学生真正有用的东西,是他周围的生活环境。"❶

由于高校独特的文化环境,使校园文化氛围除教育功能外,还附加了导向和规范约束等方面的功能。可见,高校的校园体育氛围对于大学生建立正确的体育价值观念,提高其体育文化方面的素养和形成良好的体育习惯等都具有广泛而深刻的影响。校园文化目前公认的对于体育的功能主要包括:体育教育功能、心理疏导功能、促进智力功能和社会实践功能及陶冶情操功能。其中体育教育功能是校园诸多体育文化中最基本的功能。传承体育基本知识和弘扬校园体育文化,能够满足大学生保持健康身心的需要。传授有关体育的知识和理念及身体锻炼的基础方法和手段等知识,并且能够通过实际进行检验其接受知识传承并加以应用的效果,最终可以对体育锻炼效果进行自我和相互间的检测和评价。校园体育文化不仅给学生提供了一个学习并运用体育技术的课堂,而且为学生们创造了一个相互交流的平台,同时也有利于学生逐步形成良好的体育习惯,为其发展终身体育夯实基础。

在受到外界社会环境影响的过程中,人们容易产生从众行为。良好的体育氛围作为一种社会环境,可以形成人群的心理定势。这样使大学生在潜移默化中逐渐产生一种趋同感,促使原来体育态度淡漠、行为滞后的一部分非体育爱

---

❶ 许晓峰,刘志辉,李青华.当代大学生体育锻炼现状分析及对策研究——以河北理工大学为例[J].大家,2010(22):101-102.

高校大学生课余体育锻炼组织、运行、督导方案的可行性探究

好者的态度内化,并使这部分人的行为与周围体育环境逐渐适应,使其更好地参与到体育活动中来。可见,良好的校园体育文化氛围对于高校学生自觉进行体育锻炼及体育习惯的养成都具有重要作用。

在社会上有多种大量的"群体",每一个社会成员都不可否认地属于某些特定群体,而且每一个社会成员在不知不觉中又会被所属群体进行塑造和改变。体育群体对大学生的体育行为、体育情感、体育消费等方面都有着较大的影响。体育群体之所以对高校学生参与体育活动产生巨大影响,主要是由体育运动特点同大学生这个年龄段群体的共同特点所决定的。体育的特点是将身体活动、竞争和娱乐等元素融于一体。18~25岁这个年龄段的大学生正值精力充沛、渴望展现自身活力、拓宽社交范围的年纪,他们很难在缺乏群体氛围的体育活动过程中享受到体育的乐趣。同时,大学生的群体归属感比较强,为了适应自身生活环境,拓宽社交圈子、形成较好的人际关系,获得更多的认同,他们需要保持对自身所属群体的热情和积极的心态。在气氛活跃的群体之中,群体成员也很容易被这种气氛感染,并踊跃参与群体的各项活动。反之,若高校学生处于缺乏身体活动热情的群体之中时,这种不良的氛围也会导致更多的成员失去身体锻炼的热情,甚至逐渐减少体育锻炼的频率,退出活动的圈子。调查表明,有41.5%的大学生认为对自己从事体育锻炼影响最大的是同学或朋友[1]。由此可以看出,大学生较易受同伴的影响而参与体育锻炼。参加体育锻炼的大学生越多,影响力就越大,就越能带动周围的大学生加入其中。久而久之,具有体育锻炼习惯的大学生就会越来越多。因此,课余体育活动受校园体育群体氛围影响是必然的。大学生群体作为社会群体中的特殊部分,其对大学生个体行为的影响也同样是客观存在的。

每一个家庭作为社会的细胞,是人类社会的基本单位,每个人一生中最长的时间在这个基本单位中度过。正常情况下,人的成长过程是由家庭进入社会广泛领域的过程,其中也包括高校。人们受教育的最初环境就是在家庭里,家庭同样是人们终身都会置于其中的教育环境。家庭教育的内容和质量,对人的发展和成长非常重要。

---

[1] 宁一. 长春市大学生体育锻炼的现状调查与对策研究[D]. 东北师范大学,2009.

家庭生活中同样需要体育活动。家庭体育包括父母或其他年长者在家庭里对孩子进行的教育,家庭成员在家庭生活中的体育活动,以及家庭体育同家庭成员各自工作、学习和劳动单位体育活动的配合。虽然高校学生有相当长的一段时期不在家庭中生活,但是家庭教育对于每一个成员的影响都是非常深远的。父母对子女参加体育锻炼的态度、家庭进行体育锻炼的行为习惯,以及父母对子女健康投资的力度等方面,都直接影响着子女的体育兴趣、爱好和习惯。调查显示,有18.6%的大学生认为,对自己从事体育锻炼影响最大的是家长或亲戚,由此可见,家庭因素的影响决不能忽视。

第三节 社会环境因素分析

(一)大众传媒的影响

我们所处的时代是一个信息时代,所谓信息社会,指的是:"信息成为与物质和能源同等重要甚至比之更加重要的资源,整个社会的政治、经济和文化以信息为核心价值而得到发展的社会。"随着信息社会的到来,大众传媒在人们生活中的作用也越来越重要。人们通过大众传媒来了解信息,大众传媒已成为人们生活中不可或缺的一部分❶。大众传媒对人们生活的影响是潜移默化的,人们在不知不觉中改变着自己的思想和行为方式,使之逐渐与整个社会变化趋势相适应。

大众传媒的体育传播可以对人们的体育态度与行为产生一定的影响。社会调查证明:看电视体育节目越多的人,其体育的参与比例越高。据中央电视台所做的《中国电视观众现状报告》指出:"对体育节目的兴趣随年龄的增长而递增,青年观众的收视兴趣较浓;男性观众的收视兴趣高于女性观众;城市观众的兴趣高于农村观众;经济状况较好的观众兴趣高于经济状况较差的观众;随着文化程度的增高,观众对体育节目的收视兴趣也渐渐浓厚。"

---

❶ 张帆.关于加强大学生课余体育锻炼及相应管理的思考[J].黄河水利职业技术学院学报,2004(2):76-78.

高校大学生课余体育锻炼组织、运行、督导方案的可行性探究

大学生作为一个特殊的群体，现在正处于一个价值观、习惯等还具有可塑性的时期，因此，大学生的体育价值观和兴趣等都受到大众传媒的影响。在促进大学生参加体育活动的因素的调查中，我们发现，大众传媒的作用是很大的。在一项关于"大学生参与体育活动的影响因素"的调查中（有效问卷679份），大众传媒在所有促进因素里排名第一（见表7-22）。所以，在信息社会，我们关注大学生的体育生活方式，就应该最大限度地发挥大众传媒在体育传播方面的巨大作用。

表7-22 促进大学生参加体育活动的主要因素

促进因素	排列顺序	平均得分
电视、广播传媒	1	3.43
同伴	2	3.42
班级活动	3	3.39
习惯	4	3.32
家人	5	2.98
体育读动	6	2.92
体育明星	7	2.86
社会竞争机制	8	2.79

在对"大学生摄取体育信息情况"的调查中发现，56.12%的大学生会不定时地阅读体育方面的书籍（见表7-23），还有72.2%的大学生会收看体育新闻报道（见表7-24）。

表7-23 大学生阅读体育书籍情况

	经常有	有时有	很少有	没有	总计
选择人数	88	338	271	62	759
百分比（%）	11.59	44.53	35.71	8.17	100

第七章 北京市普通高校大学生参与课余体育锻炼的影响因素

表 7-24 大学生收看体育新闻报道情况

	经常有	有时有	很少有	没有	总计
选择人数	239	309	171	40	759
百分比（%）	31.49	40.71	22.53	5.27	100

（二）社会竞争机制的影响

随着市场经济的不断完善，竞争机制在社会中的作用越来越重要。人们为了在竞争中立于不败之地，除了在知识上不断积累、能力上不断提高外，对身体素质也越来越关注。人们也越来越认识到，一个人的健康在竞争中起基础性的重要作用。人们开始关注自己的健康，健康意识逐渐提高。健康意识是指人们对健康的理解和认识。健康意识的强弱可以理解为对健康需求的迫切程度，在行为上有所表现。学校是培养德、智、体全面发展的合格人才的场所，学校在采取各种手段来增强学生体质的同时，也应使教育过程成为培养和加强学生自我健康意识的过程。虽然随着教育改革的不断推进，大学生在体育、卫生保健及生活设施条件等方面都有所改进，但大学生的健康状况却并未好转，反而下降了，"缺少社会竞争机制的促进作用也不能不说是一个重要的深层次的原因"。

在对大学生的调查也反映出：社会竞争激烈，大学生必须加强身体锻炼。对大学生积极参加体育活动的影响，见表 7-25。其中 83.36% 的大学生认为社会竞争激烈的形势对自己参加体育活动有影响，还有 20.47% 的大学生认为影响较大，7.66% 的大学生认为对自己的影响很大。

表 7-25 激烈的社会竞争对大学生自觉锻炼身体的影响

	影响很大	影响较大	一般	影响较小	没有影响	总计
选择人数	52	139	218	157	113	679
百分比（%）	7.66	20.47	32.11	23.12	16.64	100

我国加入 WTO 以后，人们对竞争的认识又有所提高，也逐渐认识到身体健康对一个人来说是多么重要。在竞争激烈的社会大环境中，大学生也充分认识到了健康的重要性，健康意识也有了较大的提高，从而影响到其参加体育活

动的自觉性。所以,社会竞争机制对大学生的体育生活方式也是有影响的❶。

(三) 家庭经济支持的影响

家庭是大学生成长的"第一课堂",家庭还是未步入社会大学生的经济后盾。由于大学生都还没有正式开始工作,在经济方面,大部分大学生的生活费用还是来自于家庭的资助。经济基础影响大学生生活的很多方面,其中就包括对其体育生活的影响。不同的经济条件直接影响大学生的体育消费,以及他们对体育活动条件的选择。

表7-26 大学生平均月支出与体育消费情况

体育消费\月支出	300元以下 人数	百分比(%)	300~500元 人数	百分比(%)	500~800元 人数	百分比(%)	800~1000元 人数	百分比(%)	1000元以上 人数	百分比(%)	合计 人数	百分比(%)
0~50元	144	28.18	199	38.94	124	24.27	37	7.24	7	1.37	511	100
50~100元	27	19.15	40	28.37	48	34.04	22	15.60	4	2.84	141	100
100~150元	7	12.07	11	18.97	28	48.28	6	10.34	6	10.34	58	100
150~200元	4	17.39	0	0	9	39.13	6	26.09	4	17.39	23	100
200~250元	0	0	1	14.29	2	28.57	2	28.57	2	28.57	7	100
250元以上	2	10.53	4	21.05	2	10.53	6	31.58	5	26.31	19	100
合计	184	24.24	255	33.60	213	28.06	79	10.41	28	3.69	759	100

从表7-26中可以看出,大部分大学生平均每月的生活费用大都集中在0~800元,占所有学生平均月消费的85.9;还有大约14.10%的大学生的平均月支出达到了800元以上;其中还有3.69%的大学生平均月支出达到了1000元以上。大学生平均月消费状况反映了他们的家庭经济水平,只有具备了一定的经济基础,他们才有可能在消费上做出更多的选择。

如表7-26中所示,从总体上来看,大学生平均每月在体育方面的消费大部分集中在50元以下,占67.33%。虽然3.69%的大学生的平均月支出都已经

---

❶ 谢红光. 体质健康信念对大学生体育锻炼行为意向及行为习惯的影响[D]. 北京体育大学, 2012.

第七章 北京市普通高校大学生参与课余体育锻炼的影响因素

达到了 1000 元以上，但只有 2.5% 的大学生在体育方面的消费达到了 250 元以上。这也充分说明了经济条件是大学生体育消费的一个基础条件，但不是充分条件。

大学生在体育方面的消费，也与其对体育消费的看法有关。价值观影响着人的行动，在体育消费方面的价值观也影响着大学生在体育方面的消费。在"大学生对体育消费的态度"的调查中，有相当一部分人对体育消费的态度处于模糊状态，如图 7-5 和表 7-27 所示，62.32% 的人对体育消费的态度不明确。这说明，这部分学生还没有对体育消费形成正确的认识，即作为对健康的投资，这方面的消费是值得的。这可能也是造成"月支出虽然很高，也不会过多地用于体育方面"的一个重要原因。

表 7-27 大学生对体育消费的态度

	值得	一般	不值得	总计
选择人数	224	473	62	759
百分比（%）	29.51	62.32	8.17	100

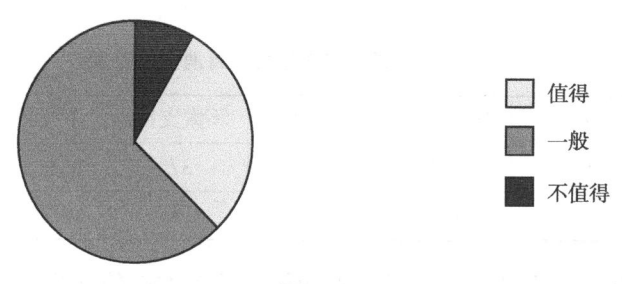

图 7-5

家庭经济情况除了直接影响大学生的体育消费，还影响他们对体育活动条件的选择。对学生来说，他们大部分的活动场所在学校，但还有一少部分人选择在校内或校外的收费场所消费，这就与大学生的家庭经济实力及其消费观念有直接的关系。

（四）家人对大学生参加体育活动的影响

家庭是大学生从小生长的一个环境，家人对他们的影响是潜移默化的。家长自己是否参加体育活动,以及对孩子参加体育活动的态度都会影响大学生的体育生活方式。在对大学生调查"家人对其参加体育活动的态度"时发现,46.77%的家长都不同程度地支持自己的孩子参加体育活动,如表7-28所示。

表7-28 家长对大学生参加体育活动的态度

	支持	比较支持	一般	不太支持	不支持	总计
选择人数	355	236	154	11	3	759
百分比(%)	46.77	31.09	20.29	1.45	0.40	100

图6

表7-29 家长对大学生体育消费的态度

	支持	比较支持	一般	不太支持	不支持	总计
选择人数	163	249	301	37	9	759
百分比(%)	46.77	31.09	20.29	1.45	0.40	100

由表7-29中可以看出,与学生参加体育活动方面的支持率相比,家长在支持大学生体育消费的比例明显下降,而否定体育消费的比例有所增加。家长对体育消费的支持与否,也影响到大学生的体育消费。研究表明,家庭经济水平直接影响着大学生的体育投入及其体育消费观,因而也会影响大学生参与体育活动的项目或层次。

表7-30 家长参加体育活动的情况

	经常	有时	很少	从不参加	总计
选择人数	98	340	295	26	759

第七章　北京市普通高校大学生参与课余体育锻炼的影响因素

续表

	经常	有时	很少	从不参加	总计
百分比（%）	12.91	44.80	38.87	3.42	100

研究发现，家长参与体育活动的频率影响其子女体育参与的坚持性。子女参与运动的坚持性与其父母参与体育活动的频率有着密切的关系。经常参与体育活动的父母，其子女也会长期参与运动；父母参与体育活动的状况还可作为其子女体育运动参与的预测因素，并且父母早期的社会体育化经验可能影响个体终身参与体育的情况。在调查中，家长参加体育活动的情况，如表7-30所示，96.58%的家长或多或少地参加体育活动，只有3.42%的家长从不参加体育活动，从这个方面来看，家长参加体育活动的情况还是比较好的。

表7-31　家长是否参加体育活动对大学生体育生活的影响

	参加		几乎不参加		合计	
	人数	百分比（%）	人数	百分比（%）	人数	百分比（%）
5次以上/周*	41	68.33	19	31.67	60	100
3~4以上/周*	79	67.52	38	32.48	117	100
1~2以上/周*	173	58.45	123	41.55	296	100
平均每周不到1次	105	50.97	101	49.03	206	100
从不参加	38	47.50	42	52.50	80	100

由表7-31中可以看出，家长是否参加体育活动直接影响着大学生参加体育活动的频次；以每周活动次数的不同，可以将大学生分层，每个层次上家长参加体育活动的大学生比例都高于家长不参加体育活动的学生；家长不参加体育活动，同时也影响学生不参加体育活动的比例；从不参加体育活动的同学情况看，家长几乎也不参加体育活动（52.50%＞47.50%）。

在"家长对学生影响如何"的调查中，从表7-32中我们也可以看出，91.57%的大学生认为家长对自己参加体育活动是有影响的[1]，20.03%的学生认为家长的影响较大，还有6.32%的学生觉得家长对自己参加体育活动影响很

---

[1] 郑攀. 武汉市远城区中学生课余体育锻炼现状调查及对策研究[D]. 华中师范大学,2013.

高校大学生课余体育锻炼组织、运行、督导方案的可行性探究

大。可见,家长对大学生体育生活的影响也是不容忽视的。

表7-32 家长对大学生参加体育活动的影响

	影响很大	影响较大	一般	影响较小	没有影响	总计
选择人数	48	152	343	152	64	759
百分比(%)	6.32	20.03	45.19	20.03	8.43	100

第八章　北京市普通高校大学生课余体育锻炼方案实施的策略及建议

在中国近代思想家梁启超的一部译著中有一句非常著名的话："夫中国，东方病夫也，其麻木不仁久矣。"在近代中国被殖民的历史上，"东亚病夫"的帽子一直如影随形，"东亚病夫"不仅是指中国人在面对外强侵略时思想的麻木不仁，而且也指清朝末期的青壮年沉溺于鸦片的毒海中，身体羸弱，不能上战场抵御外侮。

新中国成立之后，党和国家制定了一系列的政策和措施，加强学校的体育教育工作，并提倡全民健身活动。早在 1995 年，国家就颁布并实施了《全民健身计划纲要》。2014 年 10 月，国务院印发了《关于加快发展体育产业促进体育消费的若干意见》，将全民健身上升为国家战略，营造出了重视体育、支持体育和参与体育的社会氛围。《关于加快发展体育产业促进体育消费的若干意见》特别提出了要鼓励日常健身活动，政府机关、企事业单位、社会团体、学校都应该实行工间、课间健身制度等，倡导每天健身 1 小时；切实保障中小学体育课课时，确保学生校内每天体育活动时间不少于 1 小时。❶

建国 60 多年来，随着一系列倡导体育锻炼政策和措施的实施，我国的体育事业已经取得了伟大的成就。群众性的体育活动蓬勃开展，参加体育活动的人数在不断增加，人民体质与健康水平有了很大的提高。全民健身日益受到社会的重视和人民的支持，群众性体育活动的内容和形式更加丰富多彩，全民的身体素质有了进一步的提高。但是与此形成强烈反差的是，高校大学生课余体

---

❶ http://www.gov.cn/xinwen/2014-10/20/content_2767904.htm 我国将全民健身上升为国家战略。

育锻炼的状况，由于受到诸多因素的影响，其整体形势不容乐观。大学生课余锻炼的形式、内容和管理等基本处于松散随意的状态，大学生是否参加课余体育锻炼很大程度上取决于他们的锻炼习惯及自觉意识。

众所周知，青少年的健康成长，特别是在校大学生的健康成长关系到国家的富强和民族的昌盛。因此，积极创造条件使大学生更多地参与课余体育锻炼，培养大学生体育锻炼的意识、技能和习惯都具有重要的意义。但是，现实中还存在着一系列的制约因素阻碍了高校大学生课余体育锻炼方案的实施。

本章主要从优势因素、制约因素、实施策略及政策建议四个方面来介绍北京市普通高校大学生课余体育锻炼方案的实施。

第一节 北京市普通高校大学生课余体育锻炼方案实施的优势因素

北京是中华人民共和国的首都，是中国的政治、经济、文化中心，也是中国高校的聚集地。据2013年的统计介绍，北京已经有高校近百所，在校大学生人数接近90万人，在北京地区实施高校大学生课余体育锻炼方案有其他地区所不具备的优势条件。以下笔者将从三个方面来系统分析高校大学生课余体育锻炼方案在北京地区实施的优势因素。

1. 地理位置优越，大学生课余体育锻炼方案实施具有制度保障

按照2010年世界银行划分世界上不同国家和地区的贫富程度标准来看，北京实现的人均GDP已经处于中上等富裕国家水平，接近富裕国家地区的水平。[1]一个国家和地区的经济水平很多时候是一个国家和地区文化水平的反映。北京地区高度发达的经济环境促使了北京地区文化的发展，也使得在这个地区生活的大众具有更高的文化水平。国家颁布的各种政策、措施在实施的过程中则会遇到较小的阻力。

同时，北京也是我国的政治中心，很多国家和教育部颁布的文件总是能够

---

[1] http://baike.baidu.com/link?url=-bprAA3DrnLrAfihU-vSncdBhz4SZSodtGuZMip2XPtpfwTXTke-uiOdqgnVwDM81tXtJjMMinp0JakDwaMToRk3XwUjUp9afYE8ynJUHHCG 百科——北京。

第八章　北京市普通高校大学生课余体育锻炼方案实施的策略及建议

在北京地区得到更早和更好的落实。因此，在北京地区实行大学生课余体育锻炼方案具有较好的制度保障。北京市的普通高校对于国家和教育部颁布的一系列促进体育发展，以及大学生身体健康的条例都尤为重视，监督工作相对于其他地区开展得较好。这也在无形中有助于大学生体育锻炼方案的推出和实施。

2. 教师队伍素质提高，大学生课余体育锻炼方案的实施具有人才保障

近几年，随着我国经济的持续稳步增长，社会的和谐稳定发展，教育改革的不断深化，素质教育的全面推进，我国高等学校体育工作也取得了令人瞩目的成就。与此同时，对于高等学校体育老师的素质水平要求也越来越高。

教育部 2005 年的四号文件和 2014 年的四号文件中都提出进一步规范高等学校体育教师的选拔措施，高度重视体育师资队伍的建设。教育部责令各地教育行政部门和高等学校采取有效的措施，提高体育教师的学历层次和专业素质，加强体育科学研究，提高体育教师学术水平及教学和训练能力。并强调组织、指导学生课外体育活动、课余训练和学生体质健康标准的测试都是体育教师工作的重要内容。在 2014 年的教育部文件中更加明确地提出，将体育教学、课外体育活动、课余训练竞赛和实施《国家学生体质健康标准》等工作纳入教师工作量，保证体育教师与其他学科（专业）教师工作量的计算标准一致，实行同工同酬。[1] 教育部这些文件的颁布，一方面是把高校学生课余体育锻炼摆到了一个十分重要的位置，另一方面也是对高校体育教师提出了更高的要求。

北京作为最多"985"高校、"211 计划"高校的聚集地，招聘高校老师的要求要比许多地方的要求严格得多。与此同时，北京也是高端人才的聚集地。近年来，北京地区的高校教师正在向学历高水平化、队伍年轻化的方向发展，而且这种态势不仅仅是反映在专业教师的招聘上，高校的体育教师的招聘要求也在逐年提高。这种状况不仅为在北京地区的高校学生带来了福音，而且也为实施大学生体育锻炼方案提供了人才保障。高学历水平的高校体育教师为进一步优化大学生体育锻炼方案融入了新的创意，而且年轻化的教师队伍也为大学生课余体育锻炼方案的实施增添了活力，使大学生课余体育锻炼方案更"接

---

[1] http://www.moe.edu.cn/publicfiles/business/htmlfiles/moe/s3273/201407/171180.html 教育部关于印发《高等学校体育工作基本标准》的通知。

地气",也更加受到高校学生的欢迎。

3. 全民健身理念的强化为大学生课余体育锻炼方案的实施奠定了基础

为了增强全体人民的力量、柔韧性及耐力,提高协调、控制身体各部分的能力,使大众达到身体强健的目的,1995年6月国务院颁布并实施了《全民健身计划纲要》,倡导全国人民形成健康文明的体育生活方式。2009年,国务院批准将每年的8月8日设置为"全民健身日",❶ 并提出了"全民健身"的理念。

全民健身计划旨在全面提高国民体质和健康水平,以青少年和儿童为重点,倡导全民做到每天参加一次以上的体育健身活动,学会两种以上健身方法,每年进行一次体质测定。伴随着全民健身活动的蓬勃开展,大众的生活理念也在悄然发生改变。全民健身计划发展到2015年,"健康第一"的思想已经在高校中得到全面落实,增强学生体质已经成为了高校教育的基本目标之一,体育测试也在逐步地被纳入学校教育考核的指标中。高校也在逐步健全学校体育工作机制和督导制度,稳步提高体育教学质量,全面实施《国家学生体质健康标准》,开展"阳光体育运动",积极地开展课余体育训练,倡导科学、健康的青少年健身和运动理念。

全民健身理念的推广无形中转变了大众的思想观念,全民健身所倡导的健康生活方式也在逐步地深入人心,越来越多的人投入到了体育锻炼之中。高校学生受到了"全民健身"理念的积极影响,更多的学生积极投入到了课余体育锻炼之中,这为大学生课余体育锻炼方案的实施营造了良好的氛围,奠定了坚实的基础。

第二节 北京市普通高校大学生课余体育锻炼方案实施的制约因素

体育是增强体质、促进健康的重要方式和途径,"适量运动"是保持和促

---

❶ http://baike.baidu.com/link? url = K8IjfLCGwrOUBxgJQkmYHH5Av _ Bbp _ mHBSeLuU-iNu7y0QAzyRD_o1_IGf3zdWNU-aEsMftnuitixN4HSOmATq 全民健身。

第八章　北京市普通高校大学生课余体育锻炼方案实施的策略及建议

进身心健康最为有效的方法。人体在适宜的体育运动中，身体会随着运动时间的增长逐步生成对健康有利的技能，从而达到强健身体与防治疾病的目的。为了抵抗现代不良的生活方式而造成的社会疾病，人们把体育健身作为医疗卫生与保健养生的重要内容。因为体育是贯穿整个生活方式之中的，它调节并改善人们由于饮食、营养、体重、作息等方面长期不合理的积习所造成的不良的健康效应，并日益成为保健养生、延年益寿和健身康复的有效方法。"体育延长了人的寿命"，人们可以从不同的体育健身活动获得生理的、心理的、精神的满足与享受，获得无穷的乐趣。[1]

但是随着生活节奏的加快，生活压力的逐步增强，即使人们知道体育锻炼的重要性，以及体育锻炼对身体的好处，也因为各种主客观条件使得体育锻炼计划搁置。同样，北京市普通高校大学生课余体育锻炼方案的实施也存在各种制约因素。以下笔者将从四个方面来解析北京市普通高校大学生课余体育锻炼方案实施的制约因素。

1. 基础设施不健全制约了北京市普通高校大学生课余体育锻炼方案的实施

基础设施是指为社会生产和居民生活提供公共服务的物质工程设施，是用于保证国家和地区社会经济活动正常进行的公共服务系统。它是社会赖以生存和发展的一般物质条件。基础设施包括交通、邮电、供电供水、商业服务、科研和技术服务、园林绿化、文化教育、卫生事业等市政公共工程设施和公共生活服务设施等。它们是国民经济发展的基础，也是社会发展的坚实后盾。全民体育素质的提高、高校大学生课余体育锻炼的实施，都需要完善的基础设施服务来做支撑。

北京市普通高校大学生课余体育锻炼方案的实施受到了不健全的基础设施建设的制约，基础设施建设不健全主要体现在三个方面。

1) 学校体育场馆缺乏制约了高校大学生课余体育锻炼方案的实施

众所周知，北京是一个寸土寸金的地方，北京地区的高校大部分位于海淀区。随着北京人口规模的进一步扩张，以及北京经济的进一步发展，海淀区已

---

[1] 李敏卿.试论体育与健康的生活方式[J].华南师范大学学报(社会科学版),2002(3):114-141.

经聚集了一大批国际国内著名的高新技术产业,而且,海淀区现已成为全国最大的互联网产业基地,新浪、搜狐、百度、网易、腾讯等公司都扎根海淀,与此同时也提高了海淀区的地价。

北京的很多高校都是老校区,在大学扩招之前,无论是校区的规划还是建设规模都相对较小。近年来,随着各个高校的普遍扩招,在校学生人数迅速攀升,校园已经承受不了忽然增加的学生人数,很多学校为了在有限的校园面积内解决学生宿舍和教室问题,不得不挪用或占用现有的体育场地。这种占有和挪用使本来就脆弱的体育基础设施雪上加霜,很多学校也没有多余的资金来拓展校区,这直接影响了大学生参加体育活动的必备条件。所以即使制定了高校大学生课余体育锻炼方案,也会因为体育场馆的严重不足而无法实施。

2) 学校体育场馆类型不健全制约了高校大学生课余体育锻炼方案的实施

在众多针对北京地区高校大学生体育锻炼项目的调研中,可以发现学生的体育兴趣点和高校现有的体育场馆设置存在着矛盾和冲突。比如健身、网球等是男生喜欢的健身项目,而高校的健身房很少,即使学校有健身房,其健身房的设备并不健全;虽然北京高校建有网球场,但时常需要面对"僧多粥少"的尴尬境遇。

再有,比如女生喜欢的体育舞蹈和游泳项目,并不是每一所在京高校都有游泳馆没有游泳馆的高校仍然占多数,而训练体育舞蹈的舞蹈室也不是在京所有高校都有。除了一些设有艺术类(表演艺术)专业的高校建有舞蹈室之外,其他高校都没有专用的舞蹈室。

场馆建设类型不健全在很大程度上影响到大学生参与一些课外体育锻炼项目,也使得一些高校大学生体育锻炼方案的设计有了局限性,甚至也严重影响到一些针对北京地区高校大学生课余体育锻炼方案的实施。

3) 对体育场馆的占用制约了高校大学生课余体育锻炼方案的实施

据中国体育报报道,全国第五届城市运动会的众多项目是在各高校体育馆比赛的。如清华大学投入了近亿元的资金修建了一座游泳馆,既为学校体育发展所用,也为国家重大体育赛事及国家游泳队提供比赛和训练场馆。

随着经济的发展及社会的进步,人们物质与文化生活水平迅速提升,民众的健康意识不断增强,越来越注重体育锻炼,但是与民众日益增长的体育锻炼

第八章　北京市普通高校大学生课余体育锻炼方案实施的策略及建议

需求相比,是体育锻炼的基础设施建设的缺失。❶ 而专业的健身俱乐部的费用又不是每一个民众都能够支付的,所以越来越多的高校看到了开放校园体育场馆的商机。对大众来说,高校优美的校园环境和相对舒适的体育场馆,高端的文化氛围,以及相对经济廉价的费用都是吸引要素。对于高校来说,有偿的对外开放校园体育场馆可以使学校的体育场馆能够得到充分的利用,有一笔相对良好的经济收入,能够弥补高校资金相对不充足的困境,同时还能够在社会上提高知名度,是一个一举多得的事情。

但是随着高校体育场馆的对外开放,以及专业学生的体育训练和举办赛事对于体育场馆的占用,最后落实到高校在校学生对于体育场馆的利用时间是相对较少的。这也成为了影响学生课余体育锻炼的一个重要因素,同时也阻碍了北京地区高校学生课余体育锻炼方案的实施。

2. 学校不完善的激励机制制约了高校大学生课余体育锻炼方案的实施

激励机制是在组织系统中,激励主体系统运用多种激励手段并使之规范化和相对固定化,而激励客体相互作用、相互制约的结构、方式、关系及演变规律的总和。激励机制包括精神激励、薪酬激励、荣誉激励和工作激励。❷ 其作用一般是鼓励企业员工能够最大程度地为企业做贡献。同理,激励机制也可以被用于鼓励高校在校学生进行课外体育锻炼。

高校针对大学生课余体育锻炼激励机制不完善主要体现在两个方面:对教师的激励机制不完善,对学生的激励机制不完善。

1)对教师的激励机制不完善使得高校大学生课余体育锻炼方案执行不力

高校大学生课余体育锻炼方案是针对在校大学生在课余开展体育锻炼的要求,方案的执行并没有被纳入高校教师的教学考核中,也没有和高校教师的工资绩效挂钩,这在很大程度上不能调动高校老师执行高校大学生课余体育锻炼方案的积极性。

制订高校大学生体育锻炼方案者大部分来自一线的高校教师,最终的执行也是要靠高校一线的教师统筹领导。如果没有明确针对高校一线体育教师完善

---

❶ 俞丽萍,刘海瑞.高校体育场馆资源社会化研究[J].体育文化导刊,2013(1).
❷ http://baike.baidu.com/link? url = Dy4gFZpuWjzaTraq5bzc5SEJ9vRlvlEHr97uEOASAh6F_w2FtRbDAwPP91c2He5wNTqDhESlajB11u2wD6o9xK 百科——激励机制。

高校大学生课余体育锻炼组织、运行、督导方案的可行性探究

的激励机制,不仅不能优化高校大学生课余体育锻炼方案,而且还会使高校大学生课余体育锻炼得不到良好的执行,方案最终也会变成一纸空文。

2) 对学生的激励机制不完善使高校大学生课余体育锻炼方案落实不到位

从对北京地区高校的调查中得知,由于学生数量多,学校场馆有限,采取早操、课间操这样集中管理的形式既不好实施、也不方便管理,而且非常容易发生安全事故,因此现在几乎所有高校都取消了早操和课间操,而把学生的体育锻炼都集中在体育课和学生自由锻炼上。

在很多高校中,学生课外的自由锻炼并没有纳入课业成绩之中。学生奖学金、三好学生等荣誉的评定,大部分依靠的是和学业相关的加分的贡献,而体育只占一小部分,甚至不占比例。除了获得体育竞赛奖项的同学能够在综合评定时加分,其他的体育锻炼都不纳入综合成绩的评定,甚至这种体育竞赛获奖的加分比例也比较低。这在很大程度上不能激励大学生积极参加体育锻炼,没有大学生积极参与的课余体育锻炼方案也只能是纸上谈兵。

3. 大学生缺乏体育锻炼意识制约了高校大学生课余体育锻炼方案的实施

体育意识是指人脑特有的对体育和体育活动的态度控制系统。体育意识是相对稳定的,它主要由态度状态和体育素质构成,态度状态包括人们对体育和体育活动的认知状态、情感状态和意志状态。体育意识具有内在性、客观性、社会性、能动性、稳定性、对象性、系统性及历史制约性等特点。❶

大学阶段是大学生学习的一个黄金时间,也是他们即将步入社会,走上工作岗位、服务社会的重要准备阶段。随着社会的发展,职场的竞争压力逐步增强,大学生的就业压力也在不断增大。为了能够更好地融入工作环境,大学生就需要花费更多的时间获得更多的成绩和荣誉,为进入职场奠定坚实的基础。由于他们将很多时间投入到学业上,所以往往忽视体育锻炼。在实用主义盛行的现实社会中,课余体育锻炼显得"无用"而"不必须",所以很多大学生课余体育锻炼的意识并不强烈,对课余体育锻炼方案缺乏兴趣,这些都不利于高校大学生课余体育锻炼方案的执行。

4. 在校大学生有限的余暇时间制约了高校大学生课余体育锻炼方案的实施

从对众多北京高校的调研中发现,在校学生余暇时间太少也是制约高校大

---

❶ 肖哲.北京市普通高校女大学生课外体育锻炼状况及对策研究[D].首都体育学院,2013.

学生课余体育锻炼方案实施的一个重要因素。

大学是一个以自学为主的学习阶段,同学们除了上课之外可以自主调配时间。相比较高中时期紧张、紧凑、高效率、受管制的生活方式,大学要相对轻松得许多,课程设置没有那么紧凑,应该说大学生比高中生和中小学生拥有更多的课余时间进行体育锻炼。但是事实却完全相反,大学开放、自主的风气,让高中时期受管制的学生进入大学后有了更多的选择,很多在高中时期不能做或者没时间做的事情都放到了上大学期间。"学霸型"的学生用更多的时间学习和了解专业知识,他们把大部分余暇时间用来看书、做科研,他们将高中时期的学习习惯带到了大学,大学丰富的学习资源和学习氛围又为他们提供了相对便利的条件。这一类同学无心于课外体育锻炼,对课外体育锻炼方案的执行毫不关心,认为只要学好了专业知识就能成为对社会有用的人。

大学期间,正是年轻大学生充满活力,对周围的新鲜事物充满好奇心的阶段。有些在高中时期压抑已久的兴趣爱好在大学期间得到了集中爆发,这部分学生把大部分的课余时间都投入到自己的爱好当中,这其中有发明创造、创业,以及对美术、音乐等艺术的爱好。这一类的大学生也无暇进行体育锻炼,同样对大学生课余体育锻炼方案不感兴趣。

还有一类大学生只注重吃喝玩乐、不思进取。他们上网玩游戏、睡懒觉、泡吧唱K、逛街购物、谈恋爱耗费了大部分的大学时光,学业都荒废了,就更不要说利用课余时间进行体育锻炼了。他们一方面是对体育锻炼不感兴趣,另一方面也缺乏足够的健康意识,对不良的生活习惯已经习以为常,对于学校提出的大学生课余体育锻炼方案更是不感兴趣。

可以说,不良的生活习惯,以及大学生课余的兴趣及学习时间占用了大部分在校学生的课余时间,短缺的课余时间制约了大学生课余体育锻炼方案的实施。

第三节 北京市普通高校大学生课余体育锻炼方案的实施策略

据世界卫生组织估计,全球因缺乏运动而引致死亡的人数,每年超过两百

高校大学生课余体育锻炼组织、运行、督导方案的可行性探究

万。缺乏运动,身体的免疫能力就会下降,一些疾病和病毒得不到有效的控制就会诱发死亡。经常参加体育锻炼有利于人体骨骼和肌肉的生长,增强心肺功能,改善血液循环系统、呼吸系统和消化系统的机能,也有利于减少心脏病、高血压、糖尿病的发病风险。而对于正处在生长发育期的青少年来说,参加体育运动可以缓解学业和生活带来的紧张情绪,有助于消除疲劳,使人精神百倍地投入学习和工作中,并保持健康积极的心态,还可以培养大学生之间的团结、互助的精神。

为了提高北京地区高校大学生参与课余体育锻炼的兴趣,促进北京市普通高校大学生体育锻炼方案的实施,笔者认为可以从以下三个方面寻找解决方案。

1. 加强高校体育基础设施建设,促进高校大学生课余体育锻炼方案的实施

近几年,随着高校资金来源的多样化,如校友捐赠、企业赞助、国家政策扶持等,这些资金的扶持使高校的基础设施建设有了进一步的加强。很多高校都建立起了新的综合训练馆和体育馆,很多高科技也运用到了体育场馆的设施之中。而且高校已不再扩招在校大学生人均可利用的体育场地面积也正在逐步增加。

高校的体育场地和体育器材作为大学生体育生活的重要物质条件,不仅是影响大学生参加体育活动的重要因素,也是促进高校大学生课余体育锻炼方案得以充分执行的基础条件。

优化高校的体育基础设施建设可以从以下三个方面来进行。

1)避免体育场馆规划的盲目性,提高场馆的利用率。很多高校在进行体育场馆建设时,在很大程度上带有盲目性。学校在规划体育场馆时,要充分考虑学校的实际情况,比如学生的人数、体育水平和体育兴趣等,建设能够真正为学校服务的体育场馆,提高学生参加体育运动的兴趣,促进高校大学生课余体育方案的实施。

2)加强体育场馆的管理体制,优化管理人才。部分高校体育场馆管理水平低下,管理人才缺乏,学校体育场馆仍旧停留在福利型的层次上。应加强高校体育场馆的管理,引进管理人才,使高校体育场馆得到充分利用,保证高校大学生课余体育方案得到良好的贯彻执行。

第八章　北京市普通高校大学生课余体育锻炼方案实施的策略及建议

3）处理好高校体育场馆经营与在校学生课余体育锻炼的关系。建设高校体育场馆的目的是为了更好地服务在校学生。所以高校在开放学校的体育场馆时，应该预留一部分设施给在校学生进行课余体育锻炼，这样才能切实落实高校大学生课余体育锻炼方案。

2. 营造体育锻炼氛围，促进高校大学生课余体育锻炼方案的实施

一个良好的学习氛围能够使更多的人发奋努力去学习。一所高校要切实实施好高校大学生课余体育锻炼方案，也必须在学校中营造一个良好的体育与锻炼的氛围，引导大学生自主、自发地去参加课余体育锻炼，去执行和实施课余体育锻炼方案。

营造良好的体育锻炼氛围可以从以下三个方面来实施。

1）高校重视学生的课余体育锻炼状况。高校在重视在校学生文化课程学习的同时，也要重视学生课余参加体育锻炼的状况。应要求学生养成良好的体育锻炼习惯，并且将体育作为一种思维方式、行为方式和生活方式融入日常生活之中。

2）高校教师言传身教的影响力。高校老师也要利用更多的时间参加学生的课外体育锻炼，为学生做表率。特别是高校的体育教师，不仅自己要参与课余体育锻炼，而且还要给参与课余体育锻炼的学生指导，让学生具有体育意识、体育价值观和体育道德观等。

3）发挥高校体育社团的良好带头作用。大学生体育社团的建立是培养学生体育意识、在校园营造体育氛围的有效手段。高校可以通过社团举办一系列的运动会、体育活动、体育训练、体育竞赛和体育文化节等，把具有体育热情和体育爱好的同学集中到一起，吸引那些没有参与课余体育锻炼的同学共同参与体育锻炼。

以上三种方式都有利于高校形成良好的体育运动氛围，促进高校大学生来支持并执行大学生课余体育锻炼方案。

3. 提高在校大学生的体育锻炼意识，促进高校大学生课余体育锻炼方案的实施

大学阶段是青年学生系统接受体育教育的最后阶段，现今的大学生因受其文化修养、道德规范、体育基础、自身修养和认知能力等因素的影响，以及来

自家庭、社会、学校等外部环境的制约，导致他们中的绝大多数人集体意识淡薄，重视文化课程学习，轻视体育锻炼。要推进高校大学生课余体育锻炼方案的实施，很大程度上需要提高在校大学生体育锻炼的意识。笔者认为可以从以下两方面来提高在校大学生的体育意识，促使他们更多地参与课余体育锻炼。

1）高校应针对非体育专业的学生开设体育常识普及理论课程。据调查，在北京地区，还没有高校针对非体育专业的在校大学生开设体育常识普及理论课程，大部分高校只是注重体育的实践课，有的高校甚至连实践课都不重视。只有通过将传授一定的理论知识与体育实践教学相结合，才能使学生懂重体育对增强体质的科学依据和作用，才能引起大学生对体育锻炼的兴趣。

2）建立高校体育健康宣传队，宣传体育健康知识。大学生体育锻炼意识淡薄的一个原因是因为他们在高中时期只注重课程的学习，并不了解相关的体育知识和健康知识。就北京地区而言，具有少数高校建立了体育健康宣传队，并向同学们宣传体育知识，只有普及体育知识才能够引起在校学生参与课余体育锻炼的热情。

只有在校大学生的体育锻炼意识提高了，才能提高他们参与课余体育锻炼的兴趣，高校大学生课余体育锻炼方案也才能得到顺利的实施。

第四节 北京市普通高校大学生课余体育锻炼方案实施的政策建议

北京市普通高校大学生课余体育锻炼方案的实施离不开政策的支持。2006年，全国学校体育工作会议和教育部、国家体育总局、共青团中央下发了《关于开展全国亿万学生阳光体育运动的通知》，为的是让更多的青少年走向操场、走进大自然、走到阳光下，积极参与体育锻炼。[1]"阳光体育运动"的通知下发后，北京地区的很多高校积极响应国家政策，在学校开展了形式多样的体育活动。由此可见，国家政策对于促进大学生进行课余体育锻炼的积极作

---

[1] http://baike.baidu.com/link? url = _ tcBBIcePsZVqIjpAs7uW － uzlwP3xhtQfi10UpZi9npLEJEIfr _ FCRK3UY7ef3D0L6oXYbAEYha4axmImwPI5K 百科——阳光体育运动。

第八章 北京市普通高校大学生课余体育锻炼方案实施的策略及建议

用。因此，普通高校大学生课余体育锻炼方案的实施必须要得到国家和社会政策的扶持。笔者认为，促进普通高校大学生课余体育锻炼方案实施的政策建议主要集中在以下三个方面。

1. 国家政策的支持

国家政策是指国家结合一个行业的发展特点，对一个行业所指定的具有全国通用性的标准规范。国家政策在一定程度上具有强制性的特点。近年来，为了提高全民的身体素质，特别是青少年的身体素质，国家制定了一系列的政策，如《全民健身计划纲要》《关于加快发展体育产业促进体育消费的若干意见》等。随着这些政策的执行，全民的健康水平有了一定程度的提高。

制定促进高校大学生课余体育锻炼的方案，实质上是有利于青少年的成长的。特别是对于即将步入社会、为国家做贡献的大学生来说，具有强健的体魄才能更好地适应社会环境，调节日益激烈的竞争压力。但是，我们都知道，当很多政策不能强制执行时，大多数问题都会不了了之。所以为了促进普通高校大学生进行课余体育锻炼方案的实施，必须要有国家政策的支持。

2. 学校政策的鼓励

从主客体方面来说，普通高校大学生课余体育锻炼方案的主体依旧是学校，普通高校大学生课余体育锻炼方案的具体执行者也是学校。所以为了推动普通高校大学生课余体育锻炼方案的实施，最主要还得抓住高校这个主体。

高校为提高在校学生参加课余体育锻炼的兴趣，支持普通高校大学生课余体育锻炼方案的实施，可以从如下两个方面来制定相关的政策措施，以推动方案的执行。

1) 把大学生课余体育锻炼的时长、次数纳入学分体系。目前在北京地区的高校，在校学生的学分主要来源于两部分：一部分是在学校学习与专业相关的课程所获得的学分，另一部分是参加与专业有关的课外实践所获得的学分。其实除了这两大学分体系之外，学校还可以开辟一个课余体育锻炼所获的学分机制。通过计算在校学生课余体育锻炼的次数和时长来给予相对等的学分，以此来鼓励更多的在校学生参与课余体育锻炼。

2) 把大学生课余体育锻炼的成果反映到奖学金和荣誉等评定体系中。现有高校的奖学金评定方案基本上是分为学业成绩和社会实践两大部分，相关的体育加分项并不多。为了提高学生参与体育锻炼的热情，以及对普通高校大学生课余体育锻炼方案的支持，高校可以考虑把大学生课余体育锻炼的成果（如体检结果比上一年变状况更好，或者获得了体育项目的荣誉等）都纳入奖学金和学生个人荣誉的评定体系中。

3. 社会舆论的辅助

我们已经步入了一个全新的信息社会，大众传媒在大众的生活中扮演了越来越重要的角色，民众一般都是通过传媒来了解外部信息，以致大众传媒在潜移默化中影响着这些民众的态度和行为。高校大学生课余体育锻炼方案的执行同样也离不开学生家长、用人单位及社会舆论的支持。这就需要大众传媒能够发出积极的舆论信号，能够使高校大学生课余体育锻炼方案得以顺利实施。大众传媒应从以下两方面发挥其作用。

1) 大众传媒应发出积极的舆论信号，使学生家长能够支持高校大学生课余体育锻炼方案的执行。大学期间是学生由学生向社会人转变的过渡阶段，大学生的很多决定或者行为还是会征求家长的意见，甚至需要得到家长的资金支持。所以为了保证高校大学生课余体育锻炼方案能够得到执行，需要得到家长的支持。

2) 社会组织和用人单位要把大学生在校课余体育锻炼的情况纳入人才选拔的条件中。随着市场经济的不断完善，竞争机制在社会中的作用越来越重要。社会组织和用人单位也想选拔出优秀的人才，但就目前大学生的就业情况来看，用人单位可能都更加注重学生的专业素养和实践能力，而对于毕业生的身体素质考量得较少，一般只要没有重大疾病，公司一般都不在乎毕业生的身体素质。为了更好地使高校大学生课余体育锻炼方案得以实施，必须改变以往依靠传媒舆论来改变社会组织及用人单位这种选拔人才的方式，使更多的在校大学生更加注重课余体育锻炼，使高校大学生课余体育锻炼方案真正落后实处。